CAMINHOS DO ENSINO

Instrutor, Professor, Mestre

Dados Internacionais de Catalogação na Publicação (CIP)
(Câmara Brasileira do Livro, SP, Brasil)

Parra, Nélio
Caminhos do ensino / Nélio Parra. -- São Paulo:
Pioneira Thomson Learning, 2002.

Bibliografia
ISBN 85-221-0271-6

1. Ensino 2. Ensino - Finalidades e Objetivos
3. Prática de ensino I. Título.

02-1221 CDD-370

Índice para catálogo sistemático:

1. Ensino 370

CAMINHOS DO ENSINO
Instrutor, Professor, Mestre

NÉLIO PARRA

Master of Science in Education pela
Indiana University, EUA
Doutor em Educação pela Universidade
de São Paulo
Professor Associado (livre-docente) da
Faculdade de Educação da Universidade
de São Paulo

THOMSON™

Austrália Brasil Canadá Cingapura Espanha Estados Unidos México Reino Unido

THOMSON

Gerente Editorial:
Adilson Pereira

Editora de Desenvolvimento:
Eugênia Pessotti

Produção:
Patricia La Rosa

Composição:
Virtual Laser Editoração Eletrônica Ltda.

Copidesque:
Norma Gusukuma

Revisão:
Silvana Gouveia e Maria Alice da Costa

Capa:
DNGINK **Design**

Impresso no Brasil.
Printed in Brazil.
1 2 3 4 04 03 02

Rua Santa Justina, 496
Vila Olímpia – CEP 04545-042
São Paulo – SP
Tel.: (11) 3849-2600
Fax: (11) 3045-0335
sac@thomsonlearning.com.br
www.thomsonlearning.com.br

Dados Internacionais de Catalogação na Publicação (CIP)
(Câmara Brasileira do Livro, SP, Brasil)
Parra, Nélio
Caminhos do ensino / Nélio Parra. -- São Paulo: Pioneira Thomson Learning, 2002.
Bibliografia
ISBN 85-221-0271-6
1. Ensino 2. Ensino - Finalidades e Objetivos 3. Prática de ensino I. Título.
02-1221 CDD-370
Índice para catálogo sistemático:
1. Ensino 370

In memoriam:

Adelina Marchini, professora leiga

da zona rural de Olímpia (SP),

minha tia, foi Mestra.

Sumário

Apresentação

A atual herança cultural que cabe à nossa escola transmitir às novas gerações é de volume e complexidade difíceis até de imaginar. Por outro lado, as crianças que agora iniciam a sua jornada de aprendizagem, para assimilar esse legado, são praticamente idênticas às demais dos séculos anteriores. Infelizmente, pelo menos na opinião de meu neto, Mathias, que ao reclamar do reinício das aulas após as férias, resmungou: "Queria ter nascido *aprendido*". Elas continuam nascendo sem o "*aprendido*".

E como estaria o atual professor, mediador entre a cultura e o aluno? Com tantas conquistas científicas e técnicas dirigidas à sua atividade, era de se esperar que ele atualmente estivesse em condições melhores que seus antecessores para realizar o seu trabalho. Nem todos concordam com isso. Alguns acham que, em que pese estar mais bem-equipado que antes com técnicas, no que se refere à *arte de ensinar* o professor continua na mesma situação de um mestre da antiga Grécia. E é essa arte de ensino que, parece, diferencia o Professor do Mestre; uma arte que não se ensina, não se imita e não se confunde com o *hardware* ou com o *software*.

É muito difícil arrolar atributos que explicariam o Mestre, apesar de, em sua presença, podermos "sentir" sua maestria. Ele corporifica a humanidade ao envolver-se, profunda (e amorosamente) no mister de motivar as mentes, estimular as inteligências, de impulsionar as realizações pessoais de seus discípulos.

> "É possível que um estudante vá da pré-escola à universidade sem ter encontrado um homem — um homem que poderia, pela primeira vez, dar-lhe a única motivação profunda para aprender, a esperança de se tornar um ser humano melhor. Aprendizagem conta, naturalmente, mas ela é meio, não o fim; e o fim deve estar sempre radiantemente visível ou profundamente implícito nos meios. É apenas no professor que o fim fica aparente; ele pode humanizar porque possui as habilidades humanas que lhe dão o poder de humanizar outros. Se esse poder não for sentido, nada de valor educacional poderá ocorrer."[1]

Desconheço a existência de um manual de auto-ajuda (tão na moda) que nos oriente no caminho do templo da "maestria" ou que nos revele o segredo da receita mágica nessa alquimia pedagógica. Talvez, no futuro, os cientistas descubram no DNA dos mestres o gene motivador, na tentativa de "clonar" esse ser que, infelizmente, parece estar prestes a entrar na lista das espécies extintas.

O fato de desconhecermos a chave do "enigma" do Mestre não invalida a busca e, principalmente, a necessidade de reiterar o seu enaltecimento, na esperança de que, um dia, a peça desse "quebra-cabeça" seja encontrada. O destaque ao Mestre no título deste livro é justificado muito mais como meta do que como receituário. Mas se nossa "munição" não consegue atingi-lo, ela pode, acredito (e espero), ajudar na arquitetura de um *bom professor*. Mas, de início, alertamos: "...um bom professor não é cópia de algum modelo ideal; ele é um ser humano com características e personalidade únicas".[2]

Mas isso não significa que desprezamos a formação ou o treinamento do aluno-mestre. Reconhecemos que as técnicas de ensino não são suficientes para o sucesso. A maneira como os treinandos usam o seu conhecimento, suas técnicas, fazem a diferença.

1. ARROWSMITH, W. The future of teaching. In: LEE, Calvin B.T. (ed.). *Improving college teaching*. Washigton, DC: American Council on Education, 1967.
2. LAMM, Z. *Conflicting theorica of instruction*. Califórnia: McCutchan, 1976.

Dois fatores, na visão de Lamm,[3] estão presentes nessa maneira: o ato em si de escolha das técnicas instrucionais e os atributos exibidos pelo professor enquanto professor.

Tomar decisões entre opções de técnicas na esperança de realizar os seus objetivos e satisfazer as necessidades dos alunos é condição para o êxito do professor. Obviamente, para decidir é preciso conhecer, daí uma das pretensões deste livro: divulgar possíveis caminhos do ensino para abrir o leque de opções.

Entre os atributos do bom professor (análise que foge dos objetivos desta publicação) podemos incluir: a autenticidade, o seu envolvimento nos objetos da instrução, a sua conscientização das metas e objetivos da instrução, a flexibilidade operacional e a sua liderança apoiadora.[4]

Esses caminhos, essas alternativas que a obra oferece, representam sínteses de anos de esforços no empenho de propor, de forma simples, contribuições para o ensino. É uma edição revista, ampliada e atualizada de escritos, alguns deles veiculados em áreas acadêmicas restritas, com alcance limitado a um público menor, outros de tiragem esgotada e em geral solicitados constantemente por inúmeros interessados.

A estrutura da obra assemelha-se a uma pirâmide. Da base, onde repousam os fundamentos teóricos, mais densos, mais pesados, o assunto vai aos poucos se concretizando, reduzindo a sua complexidade e aumentando a sua presença no dia-a-dia escolar. A tonalidade que unifica e perpassa todos os capítulos é a preocupação na ênfase em uma abordagem mais renovada, mais ativa, mais participativa, nos domínios do ensino.

Esperamos, em nosso íntimo, que ele venha a se somar a tantas outras tentativas que, por todo o nosso país, buscam a melhoria de nosso ensino.

NÉLIO PARRA

3. *Idem, ibidem.*

4. *Idem, ibidem.*

CAPÍTULO 1

Didática – dos modelos à prática do ensino

O problema das relações entre "teoria" e "prática" se coloca, sem dúvida, entre os mais controversos na filosofia da ciência. No caso particular da didática, o assunto, como não poderia deixar de ser, também tem se constituído motivo de discussão e, a nosso ver, está incluído no rol das dificuldades que criam embaraços quando se tenta pensar a didática como uma disciplina científica.

Infelizmente, pouco espaço é dedicado na literatura educacional à questão do papel da teoria e da prática na disciplina em tela. Perguntas como: "Há teorias em educação?" e, se houver, "Quais seriam as suas características?", "Seriam elas de um tipo especial ou poderiam ser consideradas como obedecendo a padrões de teorias científicas?", "Qual a função das teorias no cotidiano escolar?" são perguntas de difícil resposta e vêm perturbando todos os que se dedicam ao estudo da didática e da prática do ensino.

Desejamos esclarecer, de início, que não temos a pretensão nem a competência de proceder a uma análise exaustiva dessas dúvidas. O nosso propósito é o de trazer à crítica dos leitores algumas observações que possam colaborar na discussão da didática como disciplina autônoma, com características bem demarcadas.

Conceituação da didática

Entendemos a didática como a disciplina acadêmica que tem por objetivo o desenvolvimento, a análise e a aplicação de modelos de ensino. Ensino, tradicionalmente, tem sido apontado como o objetivo de estudo da didática.

Entretanto, a mera determinação de uma área de trabalho não nos parece ser condição suficiente para dar legitimidade científica a uma disciplina, se bem que o peso da tradição possa ser considerado argumento de força bem razoável. Além disso, devemos levar em conta que um mesmo objeto é passível de análise por diversas disciplinas. Como afirmou Toulmin,[1] "(...) mesmo que distingamos as ciências umas das outras por seus respectivos domínios, estes devem ser identificados não pelos tipos de objetos que tratam, mas pelas questões que se colocam acerca deles".

Ao longo deste capítulo esperamos analisar sucintamente a questão do "ensino", sob o ponto de vista da didática; esclarecer e justificar a introdução do termo "modelo" na definição proposta e discutir as possíveis relações entre os modelos e a prática do ensino.

Ensino

Se até um certo momento na história da didática era comum aceitar, sem muito questionamento, o seu vínculo com o ensino (e daí a presença constante desse termo em todas as definições de didática), a partir das preocupações de educadores com base na filosofia analítica, uma série de dúvidas foi levantada, entre as quais uma que se revelou embaraçosa para os que trabalham na área: "O que vem a ser, realmente, ensino?"

Ao descerrar o véu que cobria inúmeros termos do vocabulário da didática, os filósofos-educadores-analistas mostraram um quadro

1. TOULMIN, S. *La comprensión humana — el uso colectivo y la evolución de los conceptos*. Madri: Alianza Editorial, 1977.

um pouco caótico em que significados variados eram emprestados aos vocábulos de uso corrente entre professores e especialistas em educação, sem muita consciência do fato. Não é de se admirar a dificuldade da disciplina, diante da ausência de um mínimo de concordância quanto ao entendimento de alguns poucos termos-chave de seu glossário, a começar por aquele que, tradicionalmente, identifica o seu objeto de estudo, ou seja, o *ensino*.

Um pré-requisito no esclarecimento do fenômeno rotulado de ensino é abandonar, de saída, o lugar-comum de amarrar, com um hífen, o ensino à aprendizagem. Os estudiosos que buscam analisar a educação sob o prisma da filosofia analítica, ao proceder à distinção entre esses dois termos, afirmam que *ensino* é palavra de *tarefa*, enquanto *aprendizagem* é palavra de *êxito*. O ensino, segundo Smith,[2] é identificado como um sistema de ações cuja intenção é a aprendizagem. A intenção ou, na expressão de Scheffler,[3] o "uso intencional" do verbo ensinar não implica, necessariamente, o sucesso dessa atividade. Tal afirmação pode ser mais bem compreendida se considerarmos a diferença que Scheffler faz entre as "regras" usadas na realização de uma atividade qualquer.

Algumas regras, as chamadas "exaustivas", são as que, se seguidas corretamente, sempre garantem o sucesso de uma ação. Por exemplo, se se respeita a regra que governa a disposição das letras na escrita de uma palavra, o êxito estará assegurado. Outras regras, as "inexaustivas", entretanto, mesmo quando obedecidas não garantem que o objetivo da atividade será alcançado. "As regras do ensino podem, no melhor dos casos, melhorar o próprio ensino, no sentido de torná-lo mais eficiente; mas elas não podem eliminar, exaustivamente, a possibilidade de um fracasso."[4] Para se estimar o peso dessa afirmação, basta pensar nas inúmeras variáveis que

2. SMITH, B. O.; ENNIS, R. H. (orgs.). *Lenguaje y conceptos en la educación*. Buenos Aires: El Ateneo, 1971.
3. SCHEFFLER, I. *A linguagem da educação*. São Paulo: Edusp/Saraiva, 1974.
4. SCHEFFLER, *op. cit.*, p. 87.

atuam sobre o aluno e sobre as quais nem o processo de ensino em geral, nem o professor em particular, dispõem de poder absoluto de controle (nível socioeconômico-cultural, saúde física e mental, etc.). Se se aceita, pois, pelo menos em nível conceitual, a separação entre ensino-aprendizagem, qual seria a explicação para afirmações do tipo: "Não há ensino sem aprendizagem?"

A razão para esse *slogan* é assim explicada por Scheffler:

> "os professores (...) supuseram muitas vezes que, além dos efeitos que possam produzir sobre os estudantes, o seu ensino possui, exatamente da maneira como eles o exercem habitualmente, um valor intrínseco e, por conseguinte, que ele se autojustifica. Em lugar de realizar, mediante um esforço deliberado, os melhoramentos que poderiam ser alcançados tendem a negar que quaisquer melhorias, enquanto eles continuarem como antes, sejam necessárias ou possíveis. Quando uma inércia educacional desse tipo se torna largamente difundida, como parecia estar, segundo muitos observadores, na época em que nosso *slogan* começou a circular, a intenção prática do *slogan* pode parecer urgente e até revolucionária".[5]

Na situação de pesquisa, a pretendida unidade entre "ensino-aprendizagem" parte do pressuposto de que o fenômeno "ensino" já está perfeitamente esclarecido e caracterizado, dispensando, pois, uma reflexão e um estudo mais profundo sobre ele. As investigações quanto ao efeito da atitude do professor ou da "atmosfera" da sala de aula ou das metodologias instrucionais sobre a aprendizagem não tiveram êxito:

> "(...) na consecução de um corpo de conhecimento consistente acerca da instrução, [indicando] que, talvez, eles tenham sido prematuros; que um número maior de análises diretas e primitivas do comportamento de ensino seja necessário como um prefácio a estudos experimentais e correlacionais. Além disso, fatores como 'traços de personalidade', 'inteligência' e 'conhecimento do conteúdo

5. SCHEFFLER, *op. cit.*, p. 56-57.

instrucional' são elementos estáticos do comportamento de ensino, nada indicando acerca das operações envolvidas no ensino; isto, como conceitos, normas, leis, etc. são introduzidos, analisados e manipulados no curso da instrução".[6]

A partir do alerta dos filósofos-educadores-analistas, pode-se perceber uma tendência, ainda que suave, da didática, no sentido de abandonar a pretensão de constituir-se em uma didática magna, única e universal, cujos princípios ou regras, se seguidos, poderiam ensinar tudo a todos. Em outras palavras, quando desafiados a esclarecer o que entendiam por ensino, alguns educadores concluíram ser missão impossível chegar-se a um resultado que satisfizesse a cada um e a todos os professores. Enfim, aos poucos a didática começou a sentir que a caracterização de ensino e de todos os seus corolários deveria passar, obrigatoriamente, pelo crivo de conjuntos de princípios, crenças, suposições, premissas éticas ou práticas, que incluíam desde a natureza e os destinos do homem e da sociedade até a questão epistemológica e de aprendizagem. Esses conjuntos têm sido rotulados, segundo vários autores, de "visões do mundo", de "quadros interpretativos", de "paradigmas", de "arquétipos" e de "modelos explicativos".

O reconhecimento e, a partir disso, a aplicação da idéia de "modelos" no desenvolvimento de disciplinas pedagógicas superam, a meu ver, certos constrangimentos que surgem quando essas "visões do mundo" estão ausentes, originando enfoques fragmentários e incoerências até entre as partes constitutivas.

Algumas limitações, advindas da carência de uma linha que coordene e harmonize todos os aspectos, aparecem na concepção, na proposição e na ação das disciplinas envolvidas em ensino.

Limitação, ou risco, dessa ausência, é reduzir a didática a uma disciplina apenas "instrumental". Em vez de constituir-se em uma oportunidade privilegiada para uma reflexão mais densa sobre o

---

6. SMITH, B. O. *A study the logic of teaching*. Chicago: University of Illinois Press, 1970.

ensino, essa disciplina se inclinaria, de forma nítida, para uma abordagem mais próxima do que poderia ser chamado de "treinamento".

A precipitação em "treinar" prejudica ou impede a compreensão da gênese e das implicações dos episódios trabalhados nos programas dos cursos. A conseqüência é a notável falta de coerência interna nos conteúdos apresentados. Fatos assim podem ocorrer: o aluno-mestre sendo "exercitado" em como definir objetivos na linha comportamental para, em seguida, tratar o conteúdo de forma integrada, depois selecionar estratégias não-diretivas para, finalmente, ser treinado a redigir provas de múltipla escolha. A "inconsciência" de uma provável incompatibilidade teórica (epistemológica, lógica ou ética) entre esses componentes empobrece de forma significativa o alcance que a disciplina poderia ter. A didática tenta compensar a deficiência buscando as "novidades" de ensino, incorporando rapidamente o *dernier cri* pedagógico, na ilusão de que, agindo assim, estaria "atualizando" os seus programas.

Em suma, os elementos trabalhados nessa didática são apenas justapostos, evidenciando uma explícita ou tácita aceitação de uma neutralidade. A não discussão da origem dos conhecimentos que fundamentam as propostas de ensino, da ideologia (enquanto visão de mundo) subjacente às teorias educacionais, da provável incompatibilidade entre essas ofertas alternativas pode dar lugar a uma atitude ingênua de reunir componentes que já em seu nascedouro talvez sejam imiscíveis. Essa tentativa de junção de elementos provindos de famílias diferentes pode ser compreendida se a eles não se atribuir qualquer valência, isto é, se forem considerados neutros. Tal quadro dificulta vislumbrar onde termina o "treinamento" e começa a "doutrinação".

Esses constrangimentos nos levaram a propor a didática mais como uma reflexão sobre o ensino (mas não exclusivamente), em que as contribuições de outras áreas do conhecimento estariam reunidas em sínteses coerentes ou em "modelos explicativos". Uma didática que revele ao aluno, por exemplo, a longa trajetória anterior subjacente às diversas propostas de ensino; que rastreie os conhecimentos até a sua origem; que discuta os argumentos e as evidências apresentadas pelas diversas "visões de mundo", de sociedade, de homem, que deram lugar a "estilos" pedagógicos distintos.

Uma didática que assume o papel de tribunal, no qual o aluno-mestre tem a oportunidade de debater as implicações da adoção de uma ou de outra tendência e que, em razão disso, possa exercer a sua autonomia de escolha.

Uma didática que não pretende ocupar o papel de uma filosofia da educação; que não pertença apenas no nível de um discurso abstrato, mas que adote uma postura de mediadora entre o plano teórico (modelo) e a realidade escolar.

Na busca dessa identidade, o obstáculo com que nos defrontamos diz respeito ao possível papel que as teorias e os modelos ocupam nessa área.

Teorias e modelos de ensino

É tarefa difícil, talvez irrealizável, indicar ao termo "teoria" e ao seu aparentado "modelo" significado que mereça aprovação unânime. A própria distinção entre eles, para muitos, carece de significado, levando autores a usarem-nos como sinônimos.

Em que pese a variedade de interpretações dos vocábulos "teoria" e "modelo", acreditamos ser possível localizar alguns pontos comuns em suas acepções e, a partir daí, estipular o uso que faremos deles neste capítulo.

A diversidade de tipos legítimos de teorias científicas não nos impede de entendê-las como "conjuntos de afirmações, proposições, hipóteses interligadas que podem ser confirmadas ou refutadas". A teoria científica tem por função descrever, explicar e prever fenômenos que estão sob o seu campo de atenção. Ao explicar e interpretar os dados coletados, a teoria nos permite outorgar-lhe significados que, de outra maneira, seria impossível. A tentativa de analisar o ensino, tendo esse critério de teoria a nos orientar, se revela frustrante, uma vez que não encontramos nessa área elementos suficientes que permitam afirmar a existência de teorias em educação. Um dos autores que mais têm se dedicado ao estudo dessa questão, O'Connor,[7] ao refletir sobre a teoria em educação destaca alguns componentes que, tradicionalmente, têm entrado em sua constituição. A análise desses elementos oferece argumento forte à posição assumida por nós neste trabalho.

Um primeiro componente invariavelmente presente nas chamadas "teorias educacionais" é o *metafísico*. As afirmações nesse caso, encontradas no discurso da filosofia e da teologia, não podem ser confirmadas ou refutadas, desobedecendo, pois, aos padrões científicos de confirmação.

Mas, mesmo que pudéssemos confirmar, por exemplo, a presença de uma alma imortal no homem, a pertinência dessa proposição estaria em outro domínio, que não o da educação.

O segundo componente compreende afirmações ou *juízos de valor*. A participação desse elemento é constante no discurso pedagógico. Ele aparece, em geral, disfarçado em bandeiras e *slogans* como, por exemplo, "educar de acordo com a natureza" ou "educar para a democracia", resultando em confusão que dificulta a caracterização da didática. Além disso, afirmações de valores, se é que poderiam ser justificadas, não o seriam segundo padrões científicos. Não se nega a importância de proposições de valor na educação; como diz O'Connor, "problemas morais são centrais a todas as instituições sociais. Nós tratamos tais problemas da melhor forma que pudermos. Mas isso não significa que se deva dar aos valores do professor, de uma forma misteriosa, um *status* de pertencerem a uma teoria, da mesma forma que não se dá aos valores de um médico *status* para pertencerem à medicina".[8]

7. O'CONNOR, D. J. *Introdução à filosofia da educação*. São Paulo: Atlas, 1977.
8. O'CONNOR, D. J. The nature and scope of educational theory (1). In: LANGFORD e O'CONNOR (eds.). *New essays in the philosophy of education*. Londres: Routledge & Kezan Paul, 1973, p. 58.

O último elemento que aparece nas "teorias educacionais", segundo O'Connor, é o *empírico*. Os enunciados nesse caso afirmam ou negam algo acerca do real e a sua verdade ou falsidade são estabelecidas mediante o recurso da experiência e da observação, direta ou indireta. A área da educação tem, em geral, buscado o seu suprimento de evidências empíricas em outros campos, que não o seu próprio. Em particular, mas não exclusivamente, a psicologia e a sociologia têm se constituído em principais fornecedores de informações do tipo empírico à educação. Com freqüência, essas duas disciplinas aparecem na literatura pedagógica como constituindo "a base científica da educação". A partir do que foi discutido até agora, fica difícil discordar da afirmação de O'Connor de que "(...) a palavra 'teoria', como é usada nos contextos da educação, é, em geral, simples título de cortesia".[9]

Em função desses argumentos, em lugar de "teoria", demos preferência ao termo "modelo". Mas também nesse caso os significados oferecidos a essa palavra não estão imunes à controvérsia. Para contornar esse problema, estipulamos o uso que fazemos do vocabulário "modelo" neste trabalho.

Aceitando-se a afirmação da inexistência de teorias educacionais e de que os aspectos que poderiam merecer esse título constituem propriedade de outras disciplinas, propomos o emprego do termo "modelo", entendido como um recurso de tradução dos resultados de outras áreas para o campo do ensino. A esse respeito, Max Black considera "(...) plausível dizer, como o fazem muitos autores, que o uso de modelos teóricos consiste em introduzir uma nova linguagem ou dialeto, sugeridos por uma teoria familiar, mas estendendo-a a um novo domínio de aplicação".[10] Parece-nos que em didática é o que temos feito: selecionamos temas, por exemplo, da psicologia genética, e os transferimos para um modelo de ensino.

9. O'CONNOR, D. J. *Introdução...*, p. 112.

10. BLACK, M. Models and archetypes. In: BROUDY, ENNIS e KRIMERMAN (orgs.). *Philosophy of educational research*. Nova York: John Wiley & Sons, 1973.

O fato de encararmos os modelos de ensino como paradigmas de teorias desenvolvidas em outras disciplinas que não a didática não a deprecia. Como diz Klimovsky, "(...) isto não constitui uma apreciação pejorativa ao papel das ciências da educação; estamos no século da interdisciplinariedade e as próprias ciências básicas se mesclam entre si de uma maneira tão estranha quanto fecunda".[11]

O modelo, em seus diversos níveis de abstração, é sempre uma representação (isto é importante); nunca um "retrato" copiando o objeto modelado, em todos os seus detalhes. O modelo destaca da realidade certos aspectos julgados essenciais segundo a sua visão particular. Tal procedimento pode dar lugar a falácias de inferência quando elementos irrelevantes ou distorcidos são representados no modelo, em vez de outros mais indicados. Daí o cuidado ao tratar com modelos que, como diz Max Black, devem ser vistos como "hipóteses plausíveis e não como provas".[12]

O modelo é sempre mais simples, menos completo e mais abstrato que o original. Entendê-lo como representação simbólica de um objeto ou fenômeno é decisivo para analisar o seu relacionamento com a prática do ensino, o que faremos mais adiante.

Os modelos, segundo Overton e Reese, cumprem diversas funções:

> "Em geral, enquanto representações, os modelos auxiliam a compreensão e a explicação do conteúdo ou, como sugeriu Black, um modelo atua como uma lente através da qual o conteúdo é visto de uma maneira nova. (...) Os modelos estabelecem as categorias básicas que determinam a introdução de certas classes de constructos teóricos e a exclusão de outros. (...) Os modelos explicam aspectos particulares de teorias. (...) Os modelos ajudam o desenvolvimento ou a extensão de teorias (...)" e, finalmente, "(...) os modelos atuam

11. KLIMOVSKY, G. Ciencias de la educación — algumas consideraciones epistemológicas. *Revista Argentina de Educación*, ano 1, n.1, p. 9-16, abril 1982.

12. BLACK, M., *op. cit.*

na definição de problemas significativos para a investigação, sugerindo tipos de métodos para explorar esses problemas e fornecendo os tipos de explicação para interpretar os dados".[13]

Julgamos oportuno destacar, devido às suas implicações tanto para a didática quanto para a prática do ensino, a questão da incompatibilidade entre os modelos. Não encontramos argumentos que pudessem rebater as observações de Overton e Reese sobre esse ponto:

> "(...) segundo Poppes e Kuhn, diferenças entre visões do mundo são irreconciliáveis e impedem a comunicação, devido às diferenças em categorias básicas como critério de verdade, natureza da substância e da mudança e os significados de explicação e mesmo de fato. Segue-se que tentativas para sintetizar abordagens construídas sobre diferentes visões do mundo, tais como a de Piaget, por um lado, e a do behaviorismo americano, de outro, são infrutíferas (Kaplan). Esse tipo de mistura ou ecletismo deve levar à confusão, porque envolve a mistura de hipóteses de mundo diferentes mesclando, conseqüentemente, critérios de verdade, concepções de substância e de mudança, etc."[14]

Devemos compreender, contudo (e esses mesmos autores chamam a atenção para isso), que modelos descendentes de uma mesma "família" de teoria, ou de uma mesma visão básica do mundo, não são irreconciliáveis ou irredutíveis entre si. Por exemplo, o modelo de ensino de Keller conciliaria bem com o modelo usual de ensino por computador, ou o modelo de aprendizagem pela descoberta não entraria em choque com o modelo de aprendizagem com base em desafios.

Mas atrás situamos os modelos de ensino como "derivados" de teorias desenvolvidas em outras disciplinas que não a didática.

13. OVERTON, W.; REESE, H. W. *Models of development*: methodological implications. In: NESSELROAD e REESE (eds.). *Life-span developmental psychology — methodological issues*. Nova York: Academic Press, 1973.

14. *Idem, ibidem*, p. 68.

Essa observação parece retratar a situação atual predominante nessa área.[15]

Esses modelos derivados constituirão, esperamos, fontes inspiradoras, impulsos para o desenvolvimento de legítimas teorias de ensino. Eles poderão ser guias que orientarão os investigadores na coleta, análise e interpretação dos dados, pavimentando o caminho para o surgimento, então, de teorias de ensino originais; teorias isentas de afirmações metafísicas e éticas, livres de frases de efeito e de *slogans*; teorias que respeitem os padrões científicos de justificativa e validação.

Mas onde ficariam as preocupações éticas e políticas tão entranhadas no atual discurso pedagógico?

Na pretensão de edificar uma verdadeira ciência do ensino, é necessário, a meu ver, separar dos atuais modelos o espaço científico da didática do espaço reservado às legítimas preocupações políticas, sociais e éticas. A didática deve, nessa ótica, se limitar a referências que possam ser confirmadas ou refutadas, e as imprescindíveis afirmações de caráter moral devem situar-se no plano da crítica, independentes das considerações empíricas. Essas afirmações e as de valor constituem universos distintos que exigem critérios de verdade, validade e justificativa diferentes, e a partir de premissas empíricas não se pode chegar a conclusões éticas. Em outras palavras: parece-nos insustentável que a partir de "o que é" (empírico) conclua-se "o que deveria ser" (ético). Podemos, agora, analisar o último aspecto de nossa proposta: o referente ao problema das relações entre os modelos e a prática do ensino.

Os modelos e a prática do ensino

É comum a queixa de professores quanto à tênue ou quase inexistente relação entre as teorias e modelos e o dia-a-dia escolar. A

15. No capítulo sobre Tendências de ensino, o leitor entrará em contato com alguns desses modelos mais presentes no ensino atual.

reivindicação de que a realidade da sala de aula tenha primazia ou seja o manancial inspirador da teoria é bandeira desfraldada com freqüência. O *slogan*, "na prática a teoria é outra", sempre repetido, demonstra um certo desdém de muitos à teoria.

Os "práticos" acusam a teoria de permanecer distante da realidade e de elaborar quadros utópicos que nada têm a ver com o cotidiano escolar. O professor, dizem eles, que em sua tarefa diária se defronta com alunos desobedientes, desinteressados, insolentes, não consegue relacionar a sua prática com os abstratos alunos, em geral sequiosos de aprender, retratados nos modelos de ensino. E, mesmo quando a teoria inclui em sua apresentação uma base empírica, os seus sujeitos, com freqüência, são privilegiados, guardando pouca semelhança com a maioria dos estudantes.

Além disso, continuam os críticos, as condições de trabalho montadas para as pesquisas diferem nitidamente da situação precária encontrada em nossas escolas. Esses ataques podem ser assim sintetizados:

> "Alguns teóricos nos oferecem, às vezes, mapas que não correspondem a território algum. (...) Para que dos processos de aprender e de ensinar nas escolas surjam explicações satisfatórias, os teóricos educacionais, como os cartógrafos, têm a obrigação de projetar suas teorias baseando-se em observações o mais exatas possível dos dados que tratam de explicar".[16]

Os "teóricos" da educação, por sua vez, acusam os práticos de meros ativistas, executando ações de forma cega, irrefletida; afirmam que são imediatistas, preocupados mais com o "aqui-e-agora" do que com os objetivos tácitos do ensino; que não analisam o que está subjacente à sua atividade e nem as implicações, a médio e a longo prazo, de sua prática, na formação dos alunos, e que, por não refletir a sua ação didática, os seus cursos se assemelham a uma mistura de técnicas cuja neutralidade pressupõem.

16. ENTWISTLE, H. La relación entre teoria y la practica. In: TIBBLE, J. W. (org.). *Introducción a la ciencia de la educación*. Buenos Aires: Paidós, 1976, p. 133.

Como em tantos outros casos, o equilíbrio entre essas posições extremas, nos parece, deve ser buscado como a posição mais acertada. O esforço do vínculo entre teoria e prática deve ser meta constante. Essa ligação com a prática, como diz Garcia, não significa:

> "(...) menosprezar o caráter emancipador da teoria e suas possibilidades de propor algo completamente novo em relação ao existente. (...) A relação dialética deve orientar os educadores na procura de via que ligaria esses dois momentos. Por relação dialética estamos entendendo uma relação progressiva que implica evolução, desde o momento em que a teoria influi sobre a prática, modificando-a e na medida em que a prática fornece subsídios para teorizações que podem transformar uma dada situação".[17]

O prático, por sua vez, ao criticar a teoria está cobrando dela algo que não lhe compete pagar. É impossível e até difícil de imaginar uma teoria ou um modelo que dê conta, com exatidão, de todos e de cada caso concreto da realidade escolar. O prático, tudo indica, está em busca de um vade-mécum, de um receituário que lhe diga como conduzir sua atividade. Ora, o valor de uma teoria repousa, em grande parte, na sua capacidade de generalização, em seu poder de aplicação a um universo de situações. Tal critério não lhe permite definir comportamentos específicos para condições específicas.

A teoria não é, nem pode ser, semelhante a um manual que orienta o funcionamento de um eletrodoméstico. A metáfora do mapa, lembrada anteriormente, pode nos ajudar a compreender o papel adequado da teoria e dos modelos na prática. Um mapa é sempre uma abstração do objeto representado. Não se espera de um mapa rodoviário, por exemplo, indicações completas de todos os pormenores que constituem a realidade nele simbolizada. O viajante não pode culpar o mapa por não incluir as lombadas ou as curvas

17. GARCIA, Walter E. Educação — visão teórica e prática pedagógica. São Paulo: McGraw-Hill, 1979, p.128-129.

fechadas da estrada. O papel do mapa é dar ao motorista uma orientação; nunca a de pretender assumir o volante de seu veículo; enfim, um mapa não é um itinerário.

A função dos modelos, no que diz respeito à prática, é bastante semelhante à do mapa em relação ao motorista. O aluno-mestre e o professor não devem cultivar a ilusão de que encontrarão na teoria as regras seguras de como agir em seu ambiente escolar. Da mesma forma que o motorista, guiando-se por um mapa, é freqüentemente surpreendido pelo inesperado, também o professor deve estar pronto a enfrentar situações específicas em sua sala de aula cuja solução depende dele, e não da teoria. "Uma teoria consegue ser procedente a respeito de todos os casos concebíveis que trata de explicar somente quando é uma apreciação exata de nenhum deles."[18] É necessário esclarecer, como afirma Entwistle, que:

> "(...) não devemos apenas estudar regras, teorias e princípios, mas também como interpretá-los e aplicá-los de forma adequada, ou seja, o que se requer de quem exerce uma profissão é uma certa iniciativa para descobrir a pertinência da teoria a respeito de sua própria prática. A função da teoria é apelar para o julgamento e não para a obediência cega".[19]

Cursos de didática, de prática de ensino e de treinamento de professores, a nosso ver, devem oferecer aos participantes uma ampla gama de modelos de ensino a fim de que eles possam refletir sobre os pressupostos teóricos subjacentes às práticas educacionais e que possam, em sua atividade profissional, aplicá-los ou até desenvolver os seus próprios modelos de forma consciente e coerente.

A aplicação, como estamos entendendo aqui, não comporta uma tese moral de obrigatoriedade, do tipo "deve ser feito assim". O seu sentido é o mesmo defendido por O'Connor de indicação "dos limites do que pode ser feito no campo. E é nesse sentido que as teorias

18. ENTWISTLE, *op. cit.*, p. 135.

19. *Idem, ibidem*, p. 139.

científicas guiam a atividade dos políticos, dos médicos, dos educadores, dos engenheiros e outros, em seus respectivos papéis".[20]

A restrição que indicamos no significado do verbo "aplicar" em boa parte se justifica se pensarmos na ainda precária condição de nossos modelos de ensino. Usando novamente a metáfora do mapa, o nosso ofício enquanto professores de professores se assemelha muito, no que se refere aos modelos de ensino, ao do:

> "(...) cartógrafo do século 13 tentando mapear um novo mundo com base em informações trazidas pelos homens do mar, no que estava escrito em livros e no que adivinhos informados lhe disseram. Os mapas que ele produzia continham muitas imperfeições, contudo os capitães-de-mar usaram-nas para explorar os mares e retornaram com novas informações que reformularam os mapas subseqüentes".[21]

Se o espírito dessa metáfora for transferido para a discussão das relações entre os modelos e a prática do ensino, estaremos dando um passo bem avançado no desenvolvimento de cursos e seminários de treinamento de professores. A didática, definida como o estudo dos modelos de ensino, poderá vir a se constituir em antídoto às ondas inovadoras que buscam a adesão dos professores como missões evangélicas prometendo o paraíso.

Como disseram Noddings & Enright,

> "(...) certas práticas são pregadas aos professores como novas, como certas, como formas de salvação. Eles, muito naturalmente, se refugiam ao agnosticismo do centro. As faculdades de educação, contudo, podem manter e intensificar a reflexão. Podemos resistir ao modelo evangélico em favor do histórico, do crítico, do apreciativo. Desse modo poderemos conservar vivas as heranças de famílias competitivas e tornar possível aos legítimos herdeiros agirem de forma integral em um ambiente apoiador e vivo".[22]

20. O'CONNOR, *the nature...*
21. CUBAN, Larry. How did teachers teach — 1890-1980. *Theory into pratice*, v. 22, n. 3, p. 159-165, 1983.
22. NODDINGS e ENRIGHT. The promise of open education. *Theory into Pratice*, v. 22, n. 3, p. 182-189, 1983.

Professores de professores, ao tratar suas disciplinas segundo o quadro de referência exposto aqui, devem estar atentos para não transformar em ídolos, aos olhos dos alunos, os modelos de ensino apresentados. "O ídolo, como disse Kaplan, não nasce de sua forma ou de sua substância, mas da idolatria dos adoradores."[23]

Bibliografia

ACHINSTEIN, Peter (1971). *Concepts of science* — a philosophical analysis. Baltimore: The John Hopkins Press, 1971.

BELTH, Marc. *La educación como disciplina científica*. Buenos Aires: El Ateneo, 1971.

BLACK, Max. Models and archetypes. In: BROUDY, ENNIS e KRIMERMAN (orgs.). *Philosophy of educational research*. Nova York: John Wiley & Sons, 1973.

BRODBECK, May. Models. In: BROUDY, ENNIS e KRIMERMAN (orgs.), *op. cit*, 1973.

CUBAN, Larry. How did teachers teach — 1890-1980. *Theory into practice*, v. 22, n. 3, p. 159-165, 1983.

ENTWISTLE, Harold. La relación entre teoria y la practica. In: TIBBLE, J. W. (org.). *Introducción a la ciência de la educación*. Buenos Aires: Piados, 1976.

ESCOLANO, A. *et al. Epistemologia y educación*. Salamanca: Sigueme, 1978.

GARCIA, Walter E. *Educação* — visão teórica e prática pedagógica. São Paulo: McGraw-Hill, 1979.

GREEN, Thomas F. A topology of the teaching concept. In: HYMAN, Ronald T. (org.). *Contemporary thoght on teaching*. New Jersey: Prentice-Hall, 1971.

HIRST, Paul H. The nature and scope of educational theory (2) — Reply to D. J. O'Connor. In: LANGFORD e O'CONNOR (eds.). *New essays in the philosophy of education*. Londres: Routledge & Kegan Paul, 1973.

HYMAN, Ronald T. (ed.). *Contemporary thought on teaching*. New Jersey: Prentice-Hall, 1971.

KAPLAN, Abraham. *A conduta na pesquisa — metodologia para as ciências do comportamento*. São Paulo: edusp/Herder, 1972.

KAPLAN-SANOFF, Margot. Na busca de um estilo de ensino — a coerência entre teoria e prática. *Tecnologia Educacional*, ano 12, n. 55, p. 24-34, 1983.

KLIMOVSKY, G. Ciências de la educación — algumas consideraciones epstemologicas. *Revista Argentina de Educación*, ano 1, n. 1, p. 9-16, abril 1982.

23. KAPLAN, Abraham. *A conduta na pesquisa* — metodologia para as ciências do comportamento. São Paulo: Edusp/Herder, 1972.

MENDES, Dumerval T. (coord.). *Filosofia da educação brasileira*. Rio de Janeiro: Civilização Brasileira, 1983.
MOORE, T. W. *Educational theory* — an introduction. Londres: Routledge & Kegan Paul, 1974.
NAGLE, J. (org.). *Educação e linguagem*. São Paulo: Edart, 1976.
NODDINGS; ENRIGHT. The promise of open education. *Theory into practice*, v. 22, n. 3, p. 182-189, 1983.
O'CONNOR, D. J. The nature and scope of educational theory (1). In: LANGFOORD e O'CONNOR (eds.). *New essays in the philosophy of education*. Londres: Routledge & Kegan Paul, 1973.
_______. *Introdução à filosofia da educação*. São Paulo: Atlas, 1977.
OVERTON, W.; REESE, E. W. Models of development: methodological implications. In: NESSELROAD e REESE (eds.). *Life-span developmental psychology* — methodological issues. Nova York: Academic Press, 1973.
PARRA, N. Estratégias de ensino — aprendizagem. In: PENTEADO, Wilma M. A. (org.). *Psicologia e ensino*. São Paulo: Papelivros, 1980.
_______. Por que modelos de ensino? *Revista da Faculdade de Educação da USP*, v. 9, n. 1/2, p. 23-32, 1983.
_______. Didática — dos modelos à prática do ensino. In: Anais do 3º Seminário "A didática em questão", USP. v. 1, p. 80-102, 1985.
REZENDE, A. M. (org.). *Iniciação teórica e prática às ciências da educação*. Petrópolis: Vozes, 1979.
RIEDEL, H. *Didática e prática de ensino*. São Paulo: EPU, 1981.
SCHEFFLER, I. *A linguagem da educação*. São Paulo: Edusp/Saraiva, 1974.
SMITH, B. O. *A study of the logic of teaching*. Chicago: University of Illinois Press, 1970.
SMITH, B. O.; ENNIS, R. H. (orgs.). *Lenguaje y conceptos en la educación*. Buenos Aires: El Ateneo, 1971.
TOULMIN, S. *La compreensión humana* — el uso colectivo y la evolución de los conceptos. Madri: Alianza Ed., 1977.

CAPÍTULO 2

Tendências de ensino

As colocações teóricas expostas anteriormente recebem neste capítulo um tratamento mais prático, oferecendo ao leitor exemplos de modelos que atuam no universo do ensino. Sua contribuição é importante no sentido de auxiliar o professor em seu esforço de definir como deveria ser o seu ensino. A preocupação é fazer com que esse conteúdo atue como subsídio no desenvolvimento de uma clara concepção de educação, etapa decisiva na tomada de decisões e conscientes enfim, de um modelo de ensino consistente.

Questões como "O que é educação?", "O que vem a ser um indivíduo educado?" conduzem à adoção tanto de fundamentos teóricos quanto de planejamento instrucional e sua implementação.

Na tentativa de ajudar o professor em suas decisões quanto à natureza e à ação de seu ensino, muito nos apoiaremos no trabalho dos professores Kohlberg e Mayer,[1] da Universidade de Harvard.

Antes de discutirmos essa contribuição, julgamos necessário levantar advertências quando se busca identificar tendências, como no caso dos modelos a serem analisados a seguir. Sempre que se rotulam pensadores segundo certos esquemas, corre-se o risco de

1. KOHLBERG, L.; MAYER, R. Development as the aim of education. *Harvard Educational Review*, v. 42, n. 4, 1972.

cometer injustiças, forçando, às vezes, o seu enquadramento em um referencial mais amplo. Mas, mesmo correndo esse risco, as vantagens para o professor e para o estudante de educação de conhecer, mesmo de forma simplificada, as grandes linhas do pensamento educacional e suas implicações no dia-a-dia escolar são maiores que os possíveis equívocos que poderiam surgir na caracterização de alguns pensadores. É necessário compreender também que as fronteiras ou linhas demarcatórias que separam as teorias, os modelos, as propostas nunca são tão precisas, tão bem-definidas, o que impede o estabelecimento claro do início e do fim de cada sistema.

Apesar dessas limitações, identificar as grandes linhas ou tendências no pensamento educacional é importante na localização do indivíduo no emaranhado das teorias e na seleção mais coerente dos elementos constituídos do ensino.

Kohlberg e Mayer identificam três grandes correntes ideológicas no ensino atual: o romanticismo, a transmissão cultural e o progressivismo. Após uma breve exposição dos pressupostos teóricos de cada linha, discutiremos algumas implicações didáticas, principalmente no que se refere às estratégias instrucionais.

1. Romanticismo

Essa corrente parte do princípio de que o ser humano ao nascer é, essencialmente, bom, natural e intrinsecamente bom. A inteligência, a personalidade, os motivos, as emoções, enfim, as disposições mentais do homem são concebidas como pré-formadas no nascimento. Daí o rótulo de "nativista" que alguns dão a essa linha. A bondade natural deve sempre ser preservada. Na visão romântica, o ambiente educacional deve ser planejado e conduzido de modo a permitir que a bondade interior desabroche plenamente; deve permitir a plena exteriorização das emoções do aluno que, em geral, são inibidas no seio da família e da sociedade.

O conhecimento para os românticos é autoconhecimento, é consciência ou *insight* do eu. Valores como "liberdade", "democracia", "honestidade", entre outros, são relativos ao indivíduo.

Na extensa linha de filósofos que se aproximam dessa corrente, podem-se incluir, entre outros, Platão, Descartes, Leibnitz, Rousseau e Kant.

A filosofia romântica deu origem a uma psicologia voltada muito mais para os aspectos íntimos do homem, para a sua consciência, do que para os comportamentos ativados por estímulos do ambiente; uma psicologia que defende a sua inclusão no rol das ciências humanas, em contraposição à corrente de transmissão cultural que faz da psicologia parte das ciências naturais.

> "O homem é governado por dentro ou por fora? O homem é ativo, iniciador, ou meramente reativo à estimulação externa? Existe uma vontade livre, liberdade de escolha e autodeterminação ou as ações do homem são determinadas "mecanicamente", em grande parte, por influência causal em nosso ambiente?"[2]

Nessa dicotomia — homem agente *versus* ambiente — os românticos inclinam-se para a primeira opção. O homem é a fonte de todos os atos e é livre para fazer escolhas em toda situação. O ponto central dessa liberdade é a consciência. Três nomes formam o grupo mais destacado dos psicólogos americanos que se situam na linha de oposição ao behaviorismo: Abraham H. Maslow, Gordon W. Allport e Carl R. Rogers.

A polaridade que se levanta entre a psicologia como ciência humana e a psicologia como ciência natural aparece claramente nas afirmações de Maslow:

> "A psicologia contemporânea, por ser abertamente pragmática, abdica de certas zonas que deveriam ser importantes para ela. Em sua preocupação pelos resultados práticos, pela tecnologia e meios, tem pouco a dizer, por exemplo, acerca da beleza, da arte, da distração, do jogo, da admiração e de outras reações".[3]

2. MILHOLAN, F.; FORISHA, B. E. *Skinner x Rogers*. São Paulo: Summus, 1978.
3. MASLOW, A. H. *Motivación y personalidad*. Barcelona: Sagitário, 1963.

Dos psicólogos humanistas, talvez Carl Rogers seja o mais conhecido e divulgado no Brasil. A sua teoria da educação está calcada em longos anos de atividade como terapeuta, como psicólogo clínico. Os seus princípios revelam a influência que recebeu dos filósofos e psicólogos românticos e, ao mesmo tempo, constituem pistas para se entender as suas propostas de ensino:

a) Os seres humanos têm natural potencialidade para aprender.
b) A aprendizagem significativa se verifica quando o estudante percebe que a matéria a estudar se relaciona com os seus próprios objetivos.
c) A aprendizagem que envolve mudança na organização de cada um — na percepção de si mesmo — é ameaçadora e tende a suscitar reações.
d) As aprendizagens que ameaçam o próprio ser são mais facilmente percebidas e assimiladas quando as ameaças externas se reduzem ao mínimo.
e) Quando é fraca a ameaça ao "eu", pode-se perceber a experiência sob formas diversas e a aprendizagem pode ser levada a efeito.
f) É por meio dos atos que se adquire aprendizagem mais significativa.
g) A aprendizagem é facilitada quando o aluno participa responsavelmente do seu processo.
h) A aprendizagem auto-iniciada que envolve toda a pessoa do aprendiz — seus sentimentos, tanto quanto sua inteligência — é mais durável e impregnante.
i) A independência, a criatividade e a autoconfiança são facilitadas quando a autocrítica e a auto-apreciação são básicas e a avaliação feita por outros tem importância secundária.
j) A aprendizagem mais socialmente útil, no mundo moderno, é a do próprio processo de aprendizagem, uma contínua abertura à experiência e à incorporação, dentro de si mesmo, do processo de mudança.[4]

4. ROGERS, C. R. *Liberdade para aprender*. Belo Horizonte: Interlivros, 1973.

O romanticismo e as estratégias de ensino

Partimos do pressuposto, neste trabalho, de que tanto a seleção quanto a utilização de conteúdos, de técnicas, de estratégias ou de sistemas de avaliação, isto é, de que as decisões a respeito de "o quê" e de "como" ensinar só adquirem validade após a determinação de "por que ensinar". E, ainda mais, de que a eficiência do processo de ensino é conseqüência direta de decisões coerentes e consistentes a respeito dos vários componentes desse processo; coerência e consistência só atingíveis após uma clara definição de educação.

Após esse "lembrete", podemos analisar as principais estratégias instrucionais baseadas na ideologia romântica. Mesmo no âmbito dessa corrente, há diferenças quanto a indicações instrucionais. A nossa tentativa é encontrar um certo denominador comum à margem das discordâncias.

Partindo do pressuposto de que o ensino é uma "(...) atividade relativamente sem importância e enormemente supervalorizada (...)"[5] e de que a aprendizagem significativa "(...) não se baseia nas habilidades de ensinar de um líder, no seu conhecimento erudito do campo, planejamento do currículo, no uso de subsídios audiovisuais, na programação do computador utilizado, nas palestras e aulas expositivas, na abundância de livros (...)",[6] considerações a respeito de estratégias instrucionais nessa corrente assumem papel secundário. Neill chega até a afirmar que "(...) conversas sobre métodos para ensinar geografia ou divisão sequer poderiam ser rotuladas como conversas educacionais: têm tanto a ver com a educação verdadeira como a cor de um aeroplano tem a ver com o vôo".[7]

A respeito de métodos novos, tão caros à didática renovada, Neill declara, referindo-se à sua famosa escola Summerhill:

> "Não temos novos métodos de ensino porque não achamos que o ensino, em si mesmo, tenha grande importância. Que uma escola

5. ROGERS, *op. cit.*
6. ROGERS. *op. cit.*
7. NEILL, A. S. *Liberdade, escola, amor e juventude.* São Paulo: Ibrasa, 1970.

> tenha ou não algum método especial para ensinar a dividir é coisa de somenos, pois a divisão não é importante senão para aqueles que querem aprendê-la. E a criança que quer aprender a dividir, aprenderá, seja qual for o ensino que receba".[8]

Não apenas as técnicas didáticas são tidas de menos importância para Neill. Também os recursos instrucionais, inclusive os mais tradicionais como o livro ou os mais modernos, foram alvo de críticas desse educador: "(...) os livros para mim têm pouco valor (...)"; "(...) Os livros são o material menos importante da escola"; "(...) as lições da TV escolar têm valor duvidoso porque, de novo, tendem a fazer das crianças esponjas que absorvem fatos, não sempre, mas com freqüência. Têm todas as falhas que tem o professor — preleções, informações transmitidas, insistência demasiada no cérebro e não nas emoções".[9]

Carl Rogers, apesar de não ser também um entusiasta de técnicas e recursos instrucionais, não chega ao extremo de negar totalmente o seu valor. Em suas obras, Rogers insiste em não apresentar técnicas como "modelos" a serem copiados, pois, para ele, cada educador eficiente deve desenvolver um estilo próprio para "facilitar" a aprendizagem dos alunos.

> "Confiança na pessoa humana, eis a atitude básica de Rogers em psicoterapia e em educação. Trata-se de uma confiança na capacidade que a pessoa tem de dirigir o seu próprio crescimento e que também é explicada por Rogers mediante expressões como fé, amor, aceitação da pessoa do cliente. A atitude de confiança é decorrente da convicção na capacidade da pessoa em auto desenvolver-se'".[10]

Essa atitude de confiança no aluno é básica para se entender as propostas de ensino de Rogers. Considerando-se as exigências institucionais, Rogers foi compelido a estabelecer certos parâmetros

8. NEILL, A. S. *Liberdade sem medo*. São Paulo: Ibrasa, 1965.
9. NEILL, A. S. *Liberdade na escola*, São Paulo: Ibrasa, 1969.
10. PUENTE, M. *O ensino centrado no estudante*. São Paulo: Cortez & Moraes, 1978.

em seus cursos, mas suficientemente amplos, de modo a permitir que o estudante encontre em suas extensas linhas algum problema significativo a ser pesquisado e alguma forma de trabalho mais adequada.

Puente, com base em Max Pagès e Peretti, analisa dois tipos de técnicas ou métodos de facilitação rogeriana mais adequados à situação escolar que à terapêutica: o "democrático" e o "não-diretivo".

> "Na técnica democrática, o agente de intervenção, o professor, propõe aos alunos estruturas de trabalho em termos de métodos de estudo, esquemas cognitivos, orientação de trabalho, etc., que submete à escolha, à modificação ou à rejeição do aluno ou da classe. Na técnica não-diretiva, o agente de intervenção se abstém desse tipo de atividade, informando apenas o aluno acerca de sua própria atividade estruturante."[11]

Entre as técnicas de ensino e aprendizagem na linha rogeriana, podemos destacar as seguintes:

CONTRATO DE ESTUDO — esse sistema, já aplicado no antigo Plano Dalton, é para Rogers uma forma viável para proporcionar segurança e responsabilidade aos alunos, sem que se perca o clima de liberdade necessário. O contrato de estudo situa-se entre as técnicas democráticas e as não-diretivas e pode vir a constituir-se em elemento necessário para uma passagem suave entre as técnicas diretivas da escola tradicional e as não-diretivas propostas por Rogers.

O contrato de estudo "é a técnica educativa pela qual o professor facilita a aprendizagem do aluno, entrando em acordo mediante um consenso mútuo periodicamente revisto, acerca do método de trabalho, da quantidade da matéria a ser estudada e da nota proporcional máxima correspondente à matéria estudada e ao rendimento nessa matéria".[12]

---

11. PUENTE, *op. cit.*
12. PUENTE, *op. cit.*

Simulação — estratégia muito discutida atualmente, é recomendada por Rogers, pois permite que o aluno vivencie uma experiência simulada em sala de aula. Para Rogers,

> "[a] simulação proporciona ao estudante experiência de primeira mão dos vários processos que ocorrem na vida real; do ato de tomar decisões com base em informações incompletas e mutáveis, o qual se torna urgente por implemento de prazo; das dificuldades de comunicação, dos resultados às vezes desastrosos, dos mal-entendidos e das mensagens cruzadas ou da discrepância entre a comunicação verbal e o comportamento real; do manejo das relações interpessoais em uma negociação, barganha e "transações". Através da experiência, em que se envolve a fundo, o estudante não apenas age, mas assume a responsabilidade pessoal pelo que decide fazer e faz".[13]

Mesmo com toda a sua oposição ao behaviorismo skinneriano, Rogers não condena *a priori* a instrução programada que, a seu ver, pode constituir-se em recurso inestimável para os alunos que precisam aprender um assunto específico — por exemplo, uso do microscópio — antes de enfrentar o problema significativo com que irá se deparar.

Grupo de encontro — talvez seja a técnica mais característica de Rogers. O "grupo básico de encontro" ou "treinamento de sensibilidade" constitui uma técnica inicial de grande importância para o desenvolvimento de aprendizagens significativas em sala de aula. A idéia subjacente ao grupo básico de encontro é a de que, se uma pessoa for colocada em um ambiente social — um grupo, por exemplo — onde é encorajada a expor os seus sentimentos, sem receio de ser dirigida, rejeitada ou julgada, é bem provável que tomará decisões mais sábias a respeito de seus problemas.

Um grupo básico de encontro começa com as apresentações de maneira bem informal, freqüentemente com as de natureza pessoal — quem sou, o que faço, do que gosto, etc. A função do líder é a de facilitar a comunicação e não a de tomar decisões pelo grupo.

13. ROGERS, *op. cit.*

As expressões de caráter pessoal vão aos poucos conduzindo os participantes a uma maior liberdade e espontaneidade em suas declarações. A meta é que os mecanismos de defesa, os disfarces, freqüentes entre os participantes de um novo grupo, se atenuem ou até desapareçam, a fim de que os sentimentos reais de cada um possam aflorar. Essa técnica preocupa-se em desenvolver também uma autêntica empatia, um desejo genuíno de ajudar o colega e, como um *feedback* natural, uma melhor compreensão e aceitação do "eu". A autocompreensão e a auto-aceitação são requisitos na capacidade de solução de problemas pessoais.

2. Transmissão cultural

Das ideologias que estão sendo analisadas, sem dúvida a da transmissão cultural é a mais presente e a de maior influência no pensamento educacional de nossos dias. Em quase todas as inovações propostas para melhorar o ensino, pode-se encontrar a sua marca, inclusive no movimento da tecnologia educacional, por exemplo, no ensino pelo computador.

Enquanto a corrente romântica destaca o papel da pessoa como um ser autônomo, agente e fonte dos atos, a transmissão cultural inclina-se de forma clara para o outro extremo, isto é, para o ambiente.

> "É sempre o ambiente que constrói o comportamento, com o qual se resolvem os problemas, mesmo quando estes devem ser encontrados no mundo particular da parte interna do homem. (...) Na transferência do controle do homem autônomo para o ambiente observável, não deixamos atrás de nós um organismo vazio. Muita coisa ocorre no interior do homem, e a fisiologia acabará por nos dizer mais sobre esse fato."[14]

Segundo essa posição, o indivíduo é um ser passivo, governado pelo ambiente, reativo às estimulações externas. O homem é,

14. SKINNER, B. F. O *mito da liberdade*. Rio de Janeiro: Bloch, 1973.

pois, uma conseqüência das influências ou forças existentes no ambiente.

Na longa tradição dessa ideologia destacam-se nomes como John Locke (1632-1704), George Berkeley (1685-1753), David Hume (1711-1776) e Daniel Hartley (1705-1757), que estabeleceram os fundamentos sobre os quais todo um amplo edifício behaviorista seria posteriormente erigido.

Locke, considerado o pai do empirismo, assumia a posição de que o homem, ao nascer, é uma folha em branco, uma "tábula rasa", em que o ambiente e as experiências vão deixando os seus traços. Defendia o princípio de que nada existe no intelecto que não tenha, antes, passado pelos sentidos — "*nihil est in intellectu quod prius non fuerit in sensu*". A essa afirmação, Leibnitz, opondo-se a Locke, acrescentou: "(...) nada — salvo apenas o próprio intelecto".

Sendo o homem uma tábula rasa ao nascer e todo o seu conhecimento uma conseqüência das impressões sensoriais da realidade e sendo o mundo exterior o mundo visível, o verdadeiramente real, então não é no homem em si ou no que se passa em seu íntimo que se deve buscar os elementos fundamentais para o estudo e o desenvolvimento de uma ciência do homem. O aspecto mais importante para esse propósito, segundo os seus defensores, é o que acontece "fora dele".

> "Podemos seguir o caminho tomado pela física e pela biologia, voltando-se diretamente para as relações entre o comportamento e o ambiente e desprezando supostos estados de espírito intermediários. A física não progride por examinar mais atentamente o júbilo de um corpo que cai, ou a biologia, pelo exame da natureza dos espíritos vitais, e nós não precisamos tentar descobrir o que realmente são as personalidades, estados de espírito, sentimentos, traços de caráter, planos, propósitos, intenções e outras qualidades atribuídas ao homem autônomo, para progredirmos em uma análise científica do comportamento."[15]

15. SKINNER, *op. cit.*

O conhecimento, assim como os valores, estariam localizados em uma dada cultura. O homem, sensação por sensação, parte por parte, chegaria ao conhecimento das coisas e das pessoas.

Uma pressuposição do empirismo lockeano levantada por Allport, e que é importante na análise de muitas colocações behavioristas em educação, é a seguinte: O que é pequeno e molecular é mais fundamental do que é grande e molar. Segundo essa interpretação, não é apenas possível, porém mais científico, estudar as unidades moleculares ou os elementos mais simples da natureza humana sem perda do que é essencial a ela, em espécies inferiores. Diz Allport, com certa ironia: "(...) desde que o homem é um animal, por que não tomar animais que são mais simples — o rato, por exemplo — como um protótipo dos animais mais complexos?"[16]

A psicologia associacionista, a de estímulo-resposta, a ambientalista e a psicologia como ciência do comportamento têm a sua história a partir de Locke, passando por Pavlov, Watson, Thorndike, entre outros, para chegar, finalmente, ao seu representante mais discutido, Skinner.

Skinner, talvez mais que os outros behavioristas, defende ardorosamente o princípio de que a psicologia deve ser uma ciência, adotando, de forma especial, os métodos das ciências naturais, abandonando o estudo dos "estados interiores" do homem. Insurge-se contra aqueles aspectos tão caros aos psicólogos humanistas como, por exemplo, o "ser autônomo", a "liberdade", a "consciência". Para ele, o ambiente exerce papel decisivo na formação do homem.

Skinner é expoente da "análise funcional" do comportamento humano. Defende que cada parte do comportamento é "função" de alguma condição passível de ser descrita em termos físicos, como é o comportamento em si. O comportamento é função das condições que, na maior parte, são exteriores ao organismo, embora algumas possam estar no "interior" da pele do organismo. As condições físi-

16. ALLPORT, G. W. *Becoming*. Nova York: Yale University, 1955.

cas das quais o comportamento é uma função são chamadas "variáveis independentes", e as partes do comportamento são as "variáveis dependentes". Diz-se que uma variável dependente está sob o controle de uma variável independente. As relações entre essas variáveis seriam as leis científicas.

O objetivo da psicologia seria, assim, descobrir essas leis, tornando possível a predição e o controle do comportamento humano.[17]

Transmissão cultural e as estratégias de ensino

O modelo da transmissão cultural é o mais presente no ensino atual. É responsável pela maior parte das inovações visando à eficiência do processo de ensino, e isso é justificável: se a mente humana é considerada uma tábula rasa e o ambiente, o fornecedor da energia, das informações, dos padrões de comportamento, então quanto mais bem-planejado for esse ambiente, mais êxito será obtido na consecução das metas desejadas. As mudanças no organismo decorreriam, pois, das ações do ambiente sobre ele. Daí a preocupação nítida do modelo de transmissão cultural na modificação do ambiente instrucional.

Procurando traduzir as concepções behavioristas em termos instrucionais, poderíamos afirmar que o sucesso do ensino dependeria de uma cuidadosa análise dos efeitos dos "reforçadores", do planejamento e execução da seqüência de tarefas de aprendizagem em que uma resposta é seguida de um estímulo reforçador.

Uma escola obedecendo a essa linha não poderia permitir que as "coisas" simplesmente aconteçam. Tudo nela deve ser planejado e executado com propósitos bem-definidos. Como diz Skinner, "(...) deixado à sua sorte, em um dado ambiente, o estudante aprenderá, porém não será necessariamente ensinado. A escola da

17. MALCOLM, N. Behaviorism as a philosophy of psycology. In: BROUDY, H. S. (ed.). *Philosophy of educational research*. Nova York: John Willey & Sons, 1973.

experiência não tem, na verdade, nada de escola, e não porque ninguém aprende nela, senão porque ninguém ensina. Ensinar é transmitir conhecimentos: quem é ensinado aprende mais depressa que aquele que não se lhe ensina".[18]

As estratégias instrucionais ideais deveriam, na visão dessa ideologia, fundamentar-se na tecnologia da educação, cuja concepção compreende:

> Uma maneira sistemática (ou sistêmica) de planejar, conduzir e avaliar o processo total de ensino e aprendizagem — abordar o ensino como um "sistema" é entendê-lo como uma organização ou estrutura composta de partes inter-relacionadas, em que qualquer mudança em uma parte provocará mudanças em algumas ou em todas as demais partes.

As noções de entrada (*input*) e de saída (*output*) assumem importância quando se pensa em estratégias instrucionais nessa linha. A entrada de um sistema, por exemplo, a sala de aula, deveria ser diagnosticada, definida com a máxima clareza. Se pensarmos no aluno como uma das entradas, a definição das estratégias deveria partir do conhecimento das limitações do aluno, de seus objetivos, de seu estilo de aprendizagem, de seu nível de domínio dos conteúdos e habilidades, tudo considerado como pré-requisito à nova aprendizagem. Esse diagnóstico daria ao planejador e ao professor uma visão das inúmeras diferenças apresentadas pelos alunos ao começar um ano letivo. O pré-teste ou a pré-avaliação conduziria à busca de sistemas mais individualizantes, uma vez que são diferentes os alunos ao entrar no sistema, com solicitações igualmente distintas.

OBJETIVOS ESPECÍFICOS — uma segunda exigência na concepção de tecnologia da educação inclui a definição clara do que se pretende atingir, isto é, uma definição precisa dos objetivos. Definir os resultados esperados da ação educativa é ponto crucial na corrente. Com base principalmente em Mager, um dos principais

18. SKINNER, B. F. *Tecnologia de la enseñanza*. Barcelona: Labor, 1970.

divulgadores atuais dos objetivos específicos, podemos identificar três características básicas que deveriam estar presentes na boa definição de um objetivo:

> "Descrever, através de palavras ou de verbos de ação, o tipo de comportamento que se espera do aluno após a instrução.
> Descrever as condições ou o contexto em que o aluno deverá demonstrar o comportamento.
> Determinar o critério ou o padrão para se avaliar precisamente o comportamento ocorrido."[19]

Pesquisas em aprendizagem e comunicação — no dizer de Galloway,[20] os professores podem, atualmente, realizar um trabalho melhor, pois contam com resultados de pesquisas que permitem: (1) descrever seus objetivos precisamente; (2) analisar e organizar as tarefas descritas; (3) arranjar os eventos da instrução de modo que sejam satisfeitas as condições necessárias para a aprendizagem e, agora, com a ciência do comportamento; (4) organizar as contingências de reforços que farão com que os alunos prestem atenção e respondam aos eventos de ensino de maneira apropriada a uma aprendizagem eficiente e eficaz.

Emprego de uma combinação de meios humanos e não-humanos para produzir uma instrução mais eficiente — Galloway[21] cita sete etapas básicas nesse processo:

a) Descrição da tarefa de aprendizagem em termos comportamentais precisos (descrição de tarefa segundo Bloom, Krathwohl e Harrow).
b) Análise da tarefa de aprendizagem (segundo Gagné).

---

19. MAGER, Robert F. *Preparing instructional objectives*. Califórnia: Fearon, 1962. Para mais detalhes e considerações sobre o tema, veja mais adiante o Capítulo 4, "Objetivos do ensino".
20. GALLOWAY, C. *Psychology for learning and teaching*. Nova York: Mc Graw-Hill, 1976.
21. GALLOWAY, *op. cit.*

c) Estabelecimento das condições de aprendizagem.
d) Planejamento dos eventos da instrução.
e) Reforço apenas das respostas consistentes com os objetivos.
f) Reforço gradual das respostas que se aproximam cada vez mais do objetivo final, para se chegar ao reforço apenas da realização completa final.
g) Reforço intermitente visando à manutenção do novo comportamento.

A análise dessas etapas nos leva a concluir ser muito difícil um professor isolado adotá-las em seu ensino. O problema, segundo muitos, estaria em aplicar na educação os princípios empresariais. Se a tecnologia aplicada à produção industrial, à agricultura, ao transporte, aos meios de comunicação trouxe a esses campos uma eficiência nunca antes imaginada, por que não aplicá-la também à educação?

Uma empresa moderna apresenta algumas características que, talvez, correspondam às expectativas de Galloway de uma tecnologia aplicada à educação. A primeira é a necessidade de produção em massa. Uma empresa que pretenda se manter ativa e competitiva não poderá, sob o risco de insolvência, dedicar esforços, tempo e recursos na elaboração de cada peça, individualmente. Mão-de-obra especializada, divisão de trabalho, organização hierárquica são outros elementos necessários na redução dos custos unitários e otimização dos produtos.

São inúmeros os casos bem concretos da presença da indústria na área do ensino, inclusive em nossa terra. Segundo Skinner, "o comportamento humano é demasiado complexo para que se deixe a tarefa de modelá-lo à experiência casual ou, inclusive, a uma experiência organizada no restrito ambiente das aulas".[22]

22. SKINNER, *Tecnologia...*

3. O progressivismo

O progressivismo rejeita a dicotomia "maturação ou ambiente". Para essa corrente, o ser humano ao nascer não é nem tudo, como querem os românticos, nem o nada, como afirmam os defensores da transmissão cultural. Todo ser vivo ao nascer traz consigo uma "história evolucionária", uma bagagem genética que lhe permite iniciar um relacionamento com o mundo de forma característica à sua espécie. Esses elementos propriamente biológicos apresentam-se como estruturas físicas, como reflexos, como tendências (adaptação e organização).

As estruturas físicas hereditárias, como o olho e o sistema nervoso, por exemplo, variam segundo as espécies e podem tanto facilitar quanto limitar certas realizações intelectuais.

Os comportamentos de reações automáticas, os reflexos, permitem aos seres vivos responder automaticamente, sem necessidade de aprendizagem prévia. O ato de sugar, por exemplo, independe de qualquer treinamento para o bebê.

Além dessas estruturas hereditárias, os seres vivos herdam duas tendências básicas ou "funções invariantes": a adaptação e a organização.

A adaptação é caracterizada por Piaget como um "equilíbrio entre as ações do organismo sobre o meio e as ações inversas".[23] A adaptação difere de espécie para espécie, de indivíduo para indivíduo e em um mesmo indivíduo, segundo os seus níveis de desenvolvimento.

A organização é a "tendência comum a todas as formas de vida de integrarem estruturas físicas ou psicológicas, em sistemas ou estruturas de ordem mais elevada".[24] A coordenação de duas estruturas separadas no início — o olhar e o agarrar, por exemplo — é

23. PIAGET, J. *Psicologia de la inteligencia*. Buenos Aires: Psique, 1964.
24. GINSBURG, H.; OPPER, S. *Piaget's theory of intelectual development* — an introduction. New Jersey: Pretince-Hall, 1969.

uma organização decorrente do desenvolvimento que permite ao bebê olhar e agarrar ao mesmo tempo.

As estruturas físicas, os reflexos e as tendências fornecem os primeiros elementos para que o bebê não comece do zero a sua proximidade com o mundo, e nesse contato são transformados em um novo tipo de mecanismo — a estrutura psicológica. Essa estrutura não pode ser explicada apenas pela hereditariedade ou apenas pela experiência. Ela é produto da interação entre os fatores biológicos e o ambiente. "Cada estrutura deve ser concebida como uma forma particular de equilíbrio, mais ou menos estável em seu campo restrito e suscetível de ficar instável nos limites deste."[25] A estrutura é, portanto, uma forma de organização da experiência e, como tal, será sempre superada por outra, conforme o desenvolvimento do indivíduo se processe.

Esse desenvolvimento, segundo Piaget, se processa através de uma sucessão de etapas ou de estágios, cada um definindo possibilidades e limitações do indivíduo.

A principal meta da educação é fazer com que o sujeito atinja níveis cada vez mais elevados de desenvolvimento. "Na visão progressivista, essa meta requer um ambiente educacional que ativamente estimule o desenvolvimento por meio da apresentação de problemas ou conflitos solucionáveis, mas genuínos. Para os progressivistas, a força da organização e do desenvolvimento na experiência da criança está em seu pensamento ativo, e o pensamento é estimulado por conflitos cognitivos problemáticos."[26]

Conhecimento, para os progressivistas, é conseqüência de um processo ativo e não se identifica com um mero "desabrochar" de dentro para fora nem como uma "cópia" de elementos do ambiente. Conhecer, para Piaget, "consiste em construir ou reconstruir o

25. PIAGET, *op. cit.*

26. KOHLBERG, L.; MAYER, R. *op. cit.* Veja também o Capítulo 5, "Os conflitos cognitivos e seu papel no ensino".

objeto do conhecimento, de modo a aprender o mecanismo dessa construção".[27]

Piaget procurou tratar a questão do conhecimento não apenas de uma forma teórica, mas por meio de uma observação sistemática e crítica para verificar como ele surge e se desenvolve. Em decorrência dessa busca, inicialmente epistemológica, toda uma psicologia foi edificada: a psicologia genética.

Para a psicologia genética, o desenvolvimento constitui uma reorganização de estruturas psicológicas em razão de interações entre o organismo e seu ambiente.

Essas estruturas apresentam-se em níveis hierárquicos de cognição. Daí podermos falar em desenvolvimento cognitivo como mudanças nas estruturas cognitivas. O desenvolvimento cognitivo, já disseram, é um diálogo entre as estruturas cognitivas do indivíduo e as estruturas do ambiente. Assim, como ponto central dessa teoria desenvolvimentista está a concepção de estágios cognitivos caracterizados a seguir:

1. Cada estágio envolve uma período de formação (gênese) e um período de realização. Realização é caracterizada pela progressiva organização de uma estrutura composta de operações mentais.
2. Cada estrutura constitui, ao mesmo tempo, a realização de um estágio e o começo do estágio seguinte de um novo processo evolucionário.
3. A ordem de sucessão dos estágios é constante. Idades de realização podem variar dentro de certos limites em função de fatores como motivação, exercício, meio cultural e outros.
4. A transição de um estágio anterior ao seguinte a lei de implicação, análoga ao processo de integração. As estruturas precedentes tornam-se parte das estruturas posteriores.[28]

Não é este o local para uma descrição, mesmo que superficial, das características de cada estágio do desenvolvimento,

27. PIAGET, J. *Les Mécanismes Perceptifs*. Paris: Universitaires de France, 1961.
28. FURTH, H. G. *Piaget and knowledge*. New Jersey: Prentice-Hall, 1969.

segundo a linha piagetiana. Entre as inúmeras obras sobre o tema, o leitor poderá encontrar em Parra[29] esclarecimentos sobre o assunto.

O progressivismo e as estratégias de ensino

Três grandes princípios orientam o ensino na linha progressivista e determinam suas estratégias instrucionais:

1º) A aprendizagem é um processo ativo. O *learning by doing* de Dewey e a concepção do conhecimento como "uma construção ou reconstrução interior do objeto do conhecimento" de Piaget exprimem claramente o significado desse princípio.

2º) As interações sociais são básicas no desenvolvimento intelectual. Para Dewey, a escola é uma instituição social e deve ser organizada como uma sociedade em miniatura. Piaget considera a interação social como uma das condições básicas no desenvolvimento intelectual. Para ele:

> "Sem intercâmbio de pensamento e cooperação com os demais, o indivíduo não chegaria a agrupar suas operações em um todo coerente: nesse sentido, o agrupamento operatório supõe, conseqüentemente, a vida social. Porém, por outra parte, os mesmos intercâmbios de pensamento obedecem a uma lei de equilíbrio, que, de novo, não seria mais que um agrupamento operatório, em virtude de que cooperar é coordenar operações."[30]

3º) Na atividade intelectual, as experiências reais têm prioridade sobre as experiências apenas comunicadas por intermédio da linguagem. Para Piaget, o pensamento representacional (imagens mentais, no sentido restrito, e inteligência, no sentido amplo) não é resultado do aprendizado de palavra: "a inteligência procede da ação em seu conjunto, na medida em que transforma os objetos e o

29. PARRA, N. *O adolescente segundo Piaget*. São Paulo: Pioneira, 1983.
30. PIAGET, *op. cit.*

real e que o conhecimento cuja formação pode se seguir na criança é, essencialmente, assimilação ativa e operatória".[31]

Esses princípios, de uma forma explícita ou tácita, estão presentes no movimento de reforma pedagógica surgido nos últimos anos do século 19 e nos primeiros do século 20. Na Europa, esse movimento ficou conhecido como "educação nova" e, nos Estados Unidos, como "educação progressiva". Diversos nomes formaram a linha de frente desse movimento, como, por exemplo, Ovide Decroly, John Dewey, Maria Montessori, Roger Cousinet, C. Freinet, A. S. Makarenko e Jean Piaget.

Desde uma profunda reformulação curricular, propondo a interação dos conteúdos e atividades de aprendizagem, até estratégias instrucionais e específicas, o movimento de "educação nova" deixou sua marca, estando presente em inúmeras propostas de renovação do ensino de nossos dias.

Entre as estratégias mais divulgadas da corrente progressivista, podemos destacar:

CENTRO DE INTERESSE — criado pelo educador belga Decroly. Ao redor de um tema, de um acontecimento, de uma ação que tenha despertado o interesse dos alunos, abandona-se a organização tradicional da escola para, em um esforço conjunto, colocar em jogo a atividade global. Pesquisas, leituras, trabalho individual e em grupo, redação, apresentações fazem parte do processo do estudo ao redor de um centro de interesses. A esse educador devemos, entre outras contribuições, a introdução do método global de aprendizagem da leitura.

ESTUDO DO MEIO — uma estratégia complexa que engloba praticamente tanto a reformulação curricular (pelo menos no período de sua realização), quanto as demais estratégias da linha progressivista. É um estudo integrado (no sentido de interdisciplinariedade) da

31. PIAGET, J.; INHELDER, B. *La psychologie de l'enfant*. Paris: Universitaires de France, 1966.

realidade natural e humana da qual o aluno faz parte. Planos, projetos, estudos individuais e em equipe, visitas, pesquisas são algumas técnicas mobilizadas em sua realização.

Trabalho dirigido — é um termo amplo que sintetiza solicitações ao aluno (por exemplo, estudar um texto, desenvolver uma atividade) visando basicamente levá-lo a aprender a aprender. Esse trabalho busca mobilizar operações mentais (classificação, seriação, relacionamento, análise, síntese, etc.), desenvolvendo, portanto, naturalmente, as suas habilidades de estudo, ao mesmo tempo em que assimila os conteúdos previstos.

Solução de problemas — John Dewey, em sua obra *Como pensamos*, apresenta de forma bastante clara as etapas dessa estratégia:

1. Em primeiro lugar, o aluno reconhece que está diante de uma situação problemática que deve ser resolvida.
2. Em seguida, o aluno analisa essa situação para um levantamento inicial dos elementos relevantes à solução do problema.
3. Na terceira etapa, o aluno formula algumas suposições ou hipóteses, ainda provisórias, para fundamentar o seu raciocínio.
4. O aluno seleciona algumas hipóteses, as que lhe são mais promissoras, e reflete sobre os resultados possíveis de sua adoção.
5. Finalmente, na última etapa, o aluno testa a hipótese que lhe pareceu mais provável, aplicando-a na solução do problema.

Trabalho em equipe — é unânime entre os defensores do movimento progressista o entusiasmo pelos trabalhos em grupo. Com Piaget, principalmente, essas respostas adquiriram uma consistência teórica que vai além de se ver no grupo apenas um elemento importante na socialização. Como foi visto ao tratar dos princípios subjacentes a essas estratégias, o trabalho com os outros é decisivo no desenvolvimento intelectual do ser humano. A interação social, a atuação em grupo, o compartilhamento de idéias e informações vêm a ser uma réplica e um apoio ao desenvolvimento operatório do sujeito.

Descoberta (ou redescoberta) — com Jerome S. Bruner, essa estratégia recebe um tratamento não encontrado, talvez, em nenhum outro educador. "Pois se a excelência intelectual do homem, entre todas as demais, é a que mais lhe pertence, é também o caso de que, o que é mais caracteristicamente pessoal de tudo o que ele sabe, é o que ele descobriu por si mesmo."[32]

Bruner não limitou a descoberta apenas ao encontro de coisas novas, mas preferencialmente inclui nessa estratégia todas as formas de busca de conhecimentos pelo próprio aluno. Para ele, a descoberta pode: (a) libertar o aluno de expectativas quanto à preexistência de uma resposta correta (nada há para ser descoberto), ativando assim todo o seu potencial intelectual; (b) libertar o aluno do controle de recompensas ou de castigos imediatos, provocando assim uma autêntica motivação para o trabalho; (c) permitir o desenvolvimento pessoal de processos de descoberta que podem ser generalizados para as mais variadas situações e, finalmente; (d) favorecer a evocação de informações, pois o material foi retido dentro de uma estrutura cognitiva construída pela própria pessoa.

Em uma tentativa de síntese, podemos afirmar que as estratégias instrucionais na linha progressiva visam muito mais a processos que a produtos; procuram colocar o aluno em situação ativa, encarando-o como um "arquiteto" de sua própria aprendizagem e situando o professor com um "desafiador" e não como um mero fornecedor de verdades prontas.[33]

32. BRUNER, J. S. The act of discovery. In: ROMEY, W. D. *Inquiry for teaching science.* New Jersey: Prentice-Hall, 1968.

33. Todas essas estratégias e outras não mencionadas o leitor poderá encontrar com mais detalhes e fundamentação nas diversas contribuições reunidas na obra de Parra, *Didática para a escola de 1º e 2º graus.*

Bibliografia

ALLPORT, G. W. *Becoming*. Nova York: Yale University, 1955.

BRUNER, J. S. The act of discovery. In: ROMEY, W. D. *Inquiry for teaching science*. New Jersey: Prentice-Hall, 1968.

CASTRO, A.D. *Piaget e a didática*. São Paulo: Saraiva, 1974.

DEWEY. J. *Como pensamos*. São Paulo: Nacional, 1959.

_______. *Experiência e educação*. São Paulo: Nacional, 1976.

DIGGORY, S. F. *Cognitive process in education*. Nova York: Harper & Row, 1972.

FURTH, H. G. *Piaget and knowledge*. New Jersey: Prentice-Hall, 1969.

GALLOWAY, C. *Psychology for learning and teaching*. Nova York: McGraw-Hill, 1976.

GERLACH, V. S.; BLY, D.P. *Teaching and media* — a systematic approach. New Jersey: Prentice-Hall, 1971.

GINSBURG, H.; OPPER, S. *Piaget's theory of intelectual development* — an introduction. New Jersey: Prentice — Hall, 1969.

KOHLBERG, L.; MAYER, R. Development as the aim of education. *Harvard Educational Review*, v. 42, n. 4, 1972.

LAMM, Z. *Conflicting theories of instruction* — conceptual dimensions. Califórnia: McCuthan, 1976.

MAGER, Robert F. *Preparing instructional objectives*. Califórnia: Fearon, 1962.

MALCOM, N. Behaviorism as a philosophy of psychology. In: BROUDY, H. S. (ed.). *Philosophy of educational research*. Nova York: John Willey & Sons, 1973.

MASLOW, A. H. *Motivación y personalidad*. Barcelona: Sagitário, 1963.

MILHOLAN, F.; FORISHA, B. E. *Skinner x Rogers*, São Paulo: Summus, 1978.

NEILL, A. S. *Liberdade, escola, amor e juventude*, São Paulo: Ibrasa, 1970.

NEILL, A. S. *Liberdade na escola*. São Paulo: Ibrasa, 1969.

PARRA, N. Estratégias de ensino-aprendizagem. In: PENTEADO, Wilma M. A. (org.). *Psicologia e ensino*. São Paulo: Papelivros, 1980.

_______. (coord.). *Didática para a escola de 1º e 2º graus*. 9. ed. São Paulo: Pioneira, 1987.

_______. *O adolescente segundo Piaget*. São Paulo: Pioneira, 1983.

PIAGET, J. *Psicologia de la inteligencia*. Buenos Aires: Psique, 1964.

_______. *Educación e instrución*. Buenos Aires: Proteo, 1968.

_______. *O nascimento da inteligência na criança*. Rio de Janeiro: Zahar, 1970.

PIAGET, J.; INHELDER, B. *La psychologie de l'enfant*. Paris: Universitaires de France, 1966.

PUENTE, M. *O ensino centrado no estudante*. São Paulo: Cortez & Moraes, 1978.

ROGERS, C. R. *Liberdade para aprender*. Belo Horizonte: Interlivros, 1973.

_______. *Tornar-se pessoa*. Lisboa: Martins Fontes, 1974.

SCHWEBEL, M.; RALPH, J. (eds.). *Piaget in the classroom*. Londres: Routledge & Kegan Paul, 1974.

SKINNER, B. F. *Tecnologia de la enseñanza*. Barcelona: Labor, 1970.

_______. *O mito da liberdade*. Rio de Janeiro: Bloch, 1973.

VARNA, V. P. e WILLIAMS, P. (eds.). *Piaget, psychology and education*. Londers: Hodder & Stoughton, 1976.

WITTER, G. P. *Ciência, ensino e aprendizagem*. São Paulo: Alfa-Omega, 1975.

CAPÍTULO 3

Análise de sistemas e planejamento de ensino

Na grande maioria das obras de didática e ensino, o capítulo "planejamento" sempre merece lugar de destaque. Em geral, enfatizam a necessidade de "unidade", de "continuidade" entre os seus elementos constitutivos; contudo, o que se percebe é um resultado oposto, em função de um tratamento fragmentário. As partes ou elementos do plano, com freqüência, são tratados como entidades quase que totalmente independentes. Fala-se em objetivos, em seleção de conteúdos, em técnicas didáticas, em avaliação, de uma forma muito "linear", sem levar em consideração, em geral, a interação de um elemento sobre o outro.

De uns tempos para cá (mais precisamente a partir da Segunda Guerra Mundial), uma nova forma ou método de abordar o planejamento começou a ser introduzida, inicialmente na área militar para, logo em seguida, ganhar o mundo econômico e chegar, atualmente, ao campo da educação. É o método conhecido como "análise de sistemas".

A análise de sistemas procura considerar o processo de ensino "(...) verdadeiramente como um sistema, isto é, como um conjunto estruturado em que os diversos elementos, agindo e reagindo uns sobre os outros, fazem aparecer 'indicadores' que denotam o bom ou o mau funcionamento dessa interação".[1]

1. COOMBS, P. H. *La crise mondiale de l'éducation* — analyse de systèmes. Paris: Presses Universitaires de France, 1968.

Planejamento, em qualquer nível ou área de atividade, é sempre uma tomada de decisões entre possíveis alternativas, visando atingir os resultados previstos de forma mais eficiente e econômica possível. A análise de sistemas aplicada ao planejamento do ensino procura tomar essas decisões fundamentando-se no caráter global do processo. Neste, os elementos estão interligados como em um circuito elétrico ou mesmo em um jogo em que as peças, mesmo apresentando funções específicas, agem umas sobre as outras, alterando o curso da ação. Qualquer movimento ou mudança em uma das peças provocará, conseqüentemente, movimentos ou mudanças em outra ou em todas as outras.

Se planejar, como vimos, é tomar decisões, uma decisão ao nível da conceituação dos objetivos, por exemplo, levará, por certo, a mudanças ao nível da seleção dos conteúdos, das estratégias instrucionais ou mesmo das formas de avaliação. Não há como, ao se aplicar a análise de sistemas ao planejamento educacional, desenvolver uma relação de conteúdos para só depois pensar-se nos objetivos, ou vice-versa. É necessário encarar os elementos globalmente, caso contrário corremos o risco de termos objetivos muito bem-redigidos, conteúdos ótimos, estratégias instrucionais avançadas e procedimentos de avaliação bem-estruturados, mas um planejamento inócuo, em que os objetivos como "desenvolver a sociabilidade" estão ao lado de estratégias totalmente diretivas.[2]

Dentre os muitos modelos de análise de sistemas surgidos ultimamente, optamos pelo desenvolvido por Gerlach e Ely, reproduzido na figura a seguir.

O modelo em questão, segundo os autores,

> "deve ser encarado como uma analogia usada para visualizar, de uma forma simplificada, o que não é facilmente observado. (...) Um modelo tende a ser estático, mesmo quando o processo que ele re-

2. No Capítulo 2, "Tendências de ensino", podem ser encontrados elementos básicos necessários ao tratamento dos elementos de um plano como um conjunto harmônico em torno de uma visão unificadora.

presenta seja dinâmico. O modelo congela a ação, como a fotografia, mas precisamos lembrar que o processo ensino-aprendizagem é uma ação contínua".[3]

A primeira etapa no processo de tomada de decisão é a de identificar, com exatidão, os objetivos, "um ato observável ou um produto observável, resultado de uma ação ou ações".[4]

Figura 3.1 Uma abordagem sistêmica à instrução.

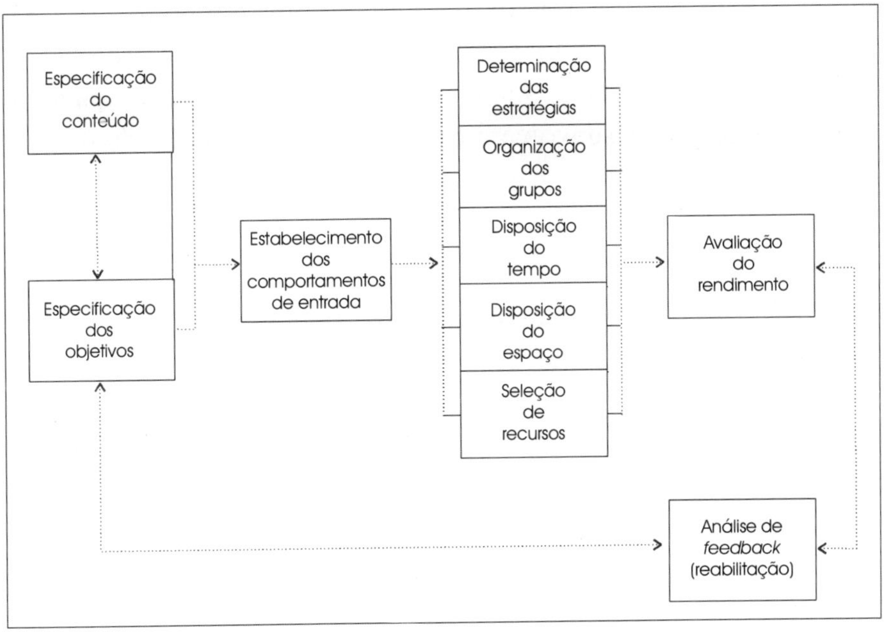

Fonte: Gerlach e Ely. *Teaching and media — a systematic approach.* Prentice-Hall, 1971.

3. GERLACH, V.; ELY, D. P. *Teaching and media* — a systematic approach. New Jersey: Prentice-Hall, 1971.

4. *Idem, ibidem.*

Segundo a literatura sobre o tema, um bom objetivo deveria satisfazer quatro condições básicas:

1) Descrever alguma coisa que o aluno faça ou produza. Essa exigência discorda de proposições do tipo: "dar aos alunos..." ou "desenvolver nos alunos...". Uma sugestão simples para superar esse obstáculo é iniciar a definição dos objetivos da seguinte maneira: "Após esta unidade, o aluno deverá...".

2) Estabelecer um comportamento ou produto observável. De acordo com essa condição, devemos deixar de lado termos ambíguos na definição dos objetivos. Verbos como "apreciar" ou "saber" podem dar origem a interpretações distintas entre professores distintos. Para facilitar o trabalho do professor, algumas universidades americanas desenvolveram listas de verbos buscando reduzir o risco de ambigüidade nas suas definições. Entre esses verbos, podemos incluir:

Identificar — na identificação há, pelo menos, dois elementos separados que o aluno deverá emparelhar. Podem ser objetos, acontecimentos, características, palavras ou símbolos que representam objetos, acontecimentos ou características. Na "identificação" podemos incluir: "selecionar", "distinguir entre", "localizar", "reconhecer", "classificar".

Definir — na definição, diferentemente da identificação, temos apenas um elemento (objeto, acontecimento, característica) que o aluno deverá rotular corretamente.

Descrever — exige do estudante não apenas a definição, mas também que ele diga alguma coisa sobre as propriedades ou características do objeto ou acontecimento. O "descrever" é colocado quando o objetivo desejado não se refere a uma mera lembrança.

Ordenar — solicita do aluno "arrumar", em uma seqüência especificada, objetos, acontecimentos, características, palavras ou símbolos.

CONSTRUIR — o aluno estaria "construindo" quando produz alguma coisa (um mapa, um desenho, uma composição, um modelo), de acordo com critérios ou padrões estabelecidos. O objetivo "construir" não deve ser confundido com o "psicomotor", uma vez que o primeiro enfatiza o produto e este último as habilidades psicomotoras necessárias à consecução do produto.[5]

3) Estabelecer as condições em que o comportamento deverá ocorrer. As condições sob as quais deverá aparecer o comportamento podem ter conseqüências bem diferentes. Uma coisa é o aluno descrever, em um aula de biologia, os vários tipos de folhas em um álbum de ilustrações ou em um jardim da escola. O tempo é outra condição importante. "Construir" uma página datilografada, sem erros, em uma hora, é diferente de fazê-la em 30 minutos.

4) Estabelecer, finalmente, o padrão que definiria se o objetivo foi ou não atingido. Define a qualidade e/ou a quantidade da realização do aluno. Se desejamos que ele identifique, defina, descreva, ordene e construa, precisamos estabelecer um padrão a fim de "medir" o nível de consecução dos objetivos.

Ao especificar os objetivos, o professor irá refletindo e adotando outras decisões a respeito dos demais elementos do modelo. Essas decisões formam "elos" de uma só corrente. Devemos ter sempre essa idéia ao aplicar a análise de sistemas no planejamento, principalmente porque em nossa descrição os elementos foram artificialmente separados por conveniência de explicação.

A segunda etapa em nosso modelo refere-se à seleção do conteúdo. Essa seleção variará de acordo com as escolas, com as disciplinas, com as séries e mesmo com as classes, o que foge dos limites deste capítulo. Contudo, apesar de todas essas variáveis, devemos ter em mente que os conteúdos atuam sobre os demais elementos e que sofrem, também, a ação destes.

5. Ao tratar do assunto, veja o Capítulo 4, "Objetivos do ensino".

Na terceira etapa encontramos o estabelecimento dos comportamentos de entrada. As decisões tomadas nas duas primeiras fases (objetivos e conteúdos) podem sofrer reformulações em virtude dos comportamentos que os alunos já trazem (ou não) para o curso. A adoção de pré-testes e do dossiê com dados cumulativos dos antecedentes dos alunos é medida útil para as tomadas de decisões nos demais elementos do processo.

A quarta etapa refere-se à determinação das estratégias instrucionais. Estratégia é um termo "emprestado" do campo militar; procura descrever a abordagem do professor no uso das informações, na seleção dos recursos e na definição do papel dos alunos. Inclui práticas específicas usadas para atingir os objetivos. Uma boa estratégia é aquela que satisfaz os objetivos propostos em menos tempo. Mesmo não sendo nosso propósito discorrer com detalhes os diversos elementos do processo ensino-aprendizagem, achamos interessante inserir neste ponto o esquema do "continuum do ensino", pois apresenta, sucintamente, aspectos fundamentais no esclarecimento das estratégias instrucionais.

Continuum do ensino		
EXPOSIÇÃO ORAL (todas as pistas)	DISCUSSÃO DIRETA (questões como pistas)	DESCOBERTA (nenhuma pista)

Em um dos extremos dessa linha está colocada a "exposição oral", a aula tradicional, em que o professor transmite ao aluno todas as informações, princípios, generalizações. Nessa estratégia, o professor é bastante ativo e o aluno tende a ser mais passivo. No outro extremo estão as estratégias ligadas à "descoberta", em que o professor assume um papel não-diretivo, provendo a matéria bruta sobre a qual os alunos trabalharão com uma mínima orientação de sua parte. Entre esses dois pólos existem diversas outras formas de abordagens. Ao professor cabe decidir que estratégia selecionar, tendo em vista os objetivos, os conteúdos, os comportamentos de entrada e os demais elementos constitutivos do processo.

Uma vez determinada a estratégia, o professor precisa decidir de que forma irá organizar os estudantes em grupo, como desenvolverá o estudo individual, quanto tempo e espaço (instalações) precisará para as atividades previstas, que recursos instrucionais (audiovisual, material impresso, equipamentos) serão necessários para a consecução dos objetivos. As decisões nessas questões incluem-se, naturalmente, na determinação das estratégias.

A quinta etapa em nosso modelo diz respeito à avaliação do rendimento. Apesar de, em nosso modelo, estar colocada quase ao final, a avaliação realmente começa com a definição dos objetivos. Uma vez estabelecidos os objetivos de cada unidade ou atividade, o professor e os alunos definem um guia para a avaliação. Se um dos objetivos propostos neste capítulo, por exemplo, fosse o de que o leitor, após o seu estudo, deveria ser capaz de "identificar os componentes da análise de sistema aplicada ao planejamento do ensino", a avaliação deveria prever situações em que o leitor verificaria se o objetivo foi ou não atingido. Ao estabelecer os objetivos, o professor deve constantemente perguntar: "Como vou avaliar sua consecução?". Na área de comunicação e expressão, não é raro surgir objetivos como "Despertar no aluno o gosto pela leitura". Como está exposto, fica muito difícil afirmar se o aluno atingiu ou não essa meta. Entretanto, o professor pode prever que, após a atividade prevista, o aluno deverá, espontaneamente, retirar tantos livros de histórias da biblioteca da escola, definindo, portanto, os dados de sua avaliação.

Dois fatores são avaliados no processo de ensino-aprendizagem: o aluno e o próprio sistema. Os resultados advindos do processo de avaliação funcionam como *feedback* (realimentação), que é o processo de volta ao professor dos resultados de suas decisões tanto na fase de planejamento quanto na de execução do mesmo. O *feedback* é um dos elementos mais importantes na análise de sistemas e é por meio dele que professores, alunos e a própria escola recebem informações de como se saíram ou estão se saindo, na realização dos objetivos. Um *feedback* negativo deve levar o professor a levantar uma série de hipóteses para analisar o que falhou.

Será que os objetivos propostos estavam muito acima dos comportamentos de entrada dos alunos? Será que os conteúdos foram em demasia em relação ao tempo disponível? Será que a estratégia adotada não foi a melhor? Será que os instrumentos de avaliação não foram bem-planejados? Quanto mais cedo recebermos o *feedback*, mais possibilidades teremos de fazer os ajustes necessários nas diversas peças que integram o sistema ensino-aprendizagem.

A análise de sistemas aplicada ao planejamento trará, sem dúvida, uma objetividade e, podemos arriscar, um certo espírito profissional nem sempre presente no trato de problemas de ensino.

Bibliografia

COOMBS, P. H., *La crise mondiale de l'éducation* — analyse de systèmes. Paris: Presses Universitaires de France, 1968.

GERLACH, V; ELY, D. P. *Teaching and media* — a systematic approach. New Jersey: Prentice-Hall, 1971.

PFEIFFER, J. *Uma visão nova da educação* — análise de sistemas em nossas escolas e faculdades. São Paulo: Nacional, 1971.

PARRA, N.; PARRA, Ivone C. C. *Técnicas audiovisuais de educação*. São Paulo: Pioneira, 1975.

CAPÍTULO 4

Objetivos do ensino

Tema fundamental de todo planejamento e ação do ensino, os objetivos merecem, por isso mesmo, uma séria reflexão, uma postura crítica, pois, a partir de sua definição decorrem todos os demais elementos do processo educativo. Incluímos neste capítulo dois enfoques distintos sobre objetivos: a) uma análise sobre o assunto segundo a ótica comportamental ("A face oculta dos objetivos comportamentais") e b) uma abordagem com base na proposta construtivista ("O teste Raven de operações lógicas").

1. A face oculta dos objetivos comportamentais[1]

A partir da década de 60, uma atenção crescente foi sendo dada aos objetivos do ensino definidos em termos comportamentais. Em nossos dias esse movimento assumiu tal força que os seus princípios orientadores adquiriram um *status* de verdade quase que "revelada" e, como tal, inquestionável. Atkin, a esse respeito, chegou a afirmar: "Em certos círculos influentes, quem confessar reservas acerca do uso de objetivos definidos em termos comportamentais,

1. Apresentado originalmente em *Educação & Matemática*, n. 1, jun.-ago. 1978, p. 42-45.

no planejamento do currículo, corre o risco de ser taxada de pessoa capaz até de atacar as virtudes da maternidade".[2] Atkin compara o movimento em prol da especificação dos objetivos a uma verdadeira cruzada evangélica.

Exagero? Talvez. O certo, porém, é que a presença dos objetivos definidos em termos comportamentais nos manuais sobre planejamento, nos guias curriculares, nos planos de cursos e de unidades em todos os níveis de ensino é cada vez maior.

O argumento básico e mais divulgado para o seu uso se apresenta sob uma auréola de racionalidade que, de imediato, rebate a sua não-aceitação. "Afirma-se que tais objetivos devem ser claramente especificados pelo menos por três razões: primeiramente porque fornecem as metas buscadas pelo currículo; em segundo lugar, porque, se claramente formulados, facilitam a seleção e a organização dos conteúdos; em terceiro lugar porque, quando especificados em termos comportamentais, possibilitam a avaliação dos resultados".[3] Diante de uma proposta "racional", pergunta Eisner, quem optaria pela irracionalidade?

Não apenas nos planejamentos de currículo e de ensino a predominância dos objetivos comportamentais pode ser notada. Também no movimento das provas ditas "objetivas", na pesquisa em educação e na área da tecnologia educacional a sua participação e influência são marcantes.

Um "livreto" de umas 60 páginas, com muito espaço em branco, visando inicialmente à formação de "programadores" para uma empresa de eletrônicos da Califórnia, escrito por Robert Mager e publicado em 1962 — *Preparing instructional objectives* —, provocou tal revolução nos meios educacionais que alguns chegaram a rotular a fase atual do ensino como "pós-Mager". Nesse manual, Mager

2. ATKIN, J. Myron. Behavioral objectives in curriculum design: cautionary note. *The teacher science*, v. 35, n. 5, maio 1968, p. 27-30.

3. EISNER, Elliot W. Educational objectives – help or hindrance? *The School Review*, v. 75, n. 3, out. 1967, p. 250-260.

retomou uma idéia antiga de especificação de objetivos, tratando-a de uma forma bastante didática, principalmente para os clientes de setores de treinamento empresarial. Em pouco tempo as suas propostas começaram a ser consumidas pelos educadores de todo o mundo. Daí para o levantamento da bandeira contra os objetivos "não-comportamentais" não demorou muito. E o pecado das definições amplas, vagas, dos objetivos educacionais poderia ser agora perdoado através da penitência de uma redação exaustiva de listas de objetivos comportamentais.

O objetivo específico (comportamental, instrucional, terminal) é definido antes da realização do ensino. A partir de sua definição, os conteúdos, as estratégias instrucionais e os instrumentos de avaliação são selecionados. Não é nosso propósito neste capítulo repetir as vantagens da definição específica dos objetivos. Isso já é um lugar-comum em nossos livros de didática e metodologia. O que pretendemos é mostrar o outro lado do problema, ou melhor, a sua "face oculta" raramente exibida pelos arautos desse movimento. Não pretendemos propor soluções, mas sim alertar os professores para os riscos de uma aceitação irrefletida dos objetivos comportamentais.

A afirmação ou o *slogan* — "Abaixo os objetivos não-comportamentais" — passou a ser considerado um critério de validação do planejamento, execução e avaliação do ensino e, não adotá-lo chegaria a ser uma heresia. O planejamento do ensino da fase "pós-Mager" obrigaria a definição dos objetivos em termos comportamentais. Entretanto, em que pese a aparente racionalidade dessa exigência, os seus fundamentos não são tão "científicos" quanto se apregoa nem a sua aceitação tão unânime quanto se afirma. As críticas que trazemos à reflexão dos professores, com base em Atkin,[4] Eisner[5] e MacDonald e Wolfson,[6] principalmente,

4. ATKIN, *op. cit.*

5. EISNER, *op. cit.*

6. MACDONALD, James B.; BERNICE, J. Wolfson. A case against behavioral objectives. *The Elementary School Journal*, v. 71, n. 3, 1970, p. 119-128.

compreendem, a nosso ver, elementos importantes que não podem deixar de ser analisados ao tratar o assunto.

Chega a ser um truísmo repetir que o processo educacional é dinâmico e complexo e que pela sua própria natureza produz resultados muito mais numerosos que os previstos e especificados em termos comportamentais.

Essa realidade invalida a pretensão dos defensores dos objetivos comportamentais de que podem prever, com bastante segurança, os resultados da aprendizagem mesmo antes que ela se processe.

A preocupação exagerada com a objetividade e com a clareza contida no movimento em prol dos objetivos comportamentais faz com que apenas elementos triviais e que podem ser mensurados sejam incluídos nos planos de ensino. A ênfase dos planejamentos que seguem esse modelo passa a incidir nos conteúdos, nos "produtos" que podem ser observados e medidos. A conseqüência não poderia ser outra: objetivos não tão claros, não tão determinados, não tão mensuráveis, mas freqüentemente mais valiosos que os conteúdos, deixam de aparecer nos planos de ensino. Os objetivos comportamentais passam, então, a exercer um papel limitador no processo educativo a partir do momento em que o planejador de currículo e os professores comecem a pensar que *apenas o possível de ser medido pode ser ensinado*.

Um argumento muito comum para o uso de objetivos comportamentais é que eles permitem uma avaliação precisa do processo de ensino. Essa moeda também tem outra face. Um comportamento revelado através de provas, exames ou de qualquer outra situação de avaliação não pode ser tomado como uma evidência de que a aprendizagem ocorreu. Um aluno pode, e os professores sabem disso, dar uma resposta correta mesmo que não tenha aprendido um assunto. A sua resposta pode ter sido ocasional, resultado muitas vezes de uma mera memorização, sem nenhuma permanência em seu patrimônio após a realização da prova. Um outro aluno, ao contrário, pode dar uma resposta considerada errada pelo professor, apesar de conhecer o assunto. Julgar a eficiência ou não do ensino pelos resultados positivos ou negativos em um pós-teste é uma ingenuidade em matéria de aprendizagem humana. Sem entrar nos motivos mais "íntimos" da resposta de um aluno, basta considerarmos o nível de facilidade implícito nos objetivos comportamentais. Uma observação, mesmo que superficial, na maior parte dos guias curriculares e dos planos de ensino divulgados em nossa terra, seria suficiente para concluir que apenas alunos sem preparo algum deixariam de atingir os objetivos comportamentais aí propostos. A "competência" ou o "100%" de acertos em uma prova não indicaria, portanto, que o ensino foi eficiente. O acoplamento natural entre objetivos comportamentais e avaliação, tão apregoado nos livros de planejamento, não seria tão natural quanto pareceria à primeira vista.

Outro ponto que deve merecer nossa atenção decorre do fato de que a definição prévia de objetivos precisos limita as oportunidades e as atividades educacionais que surgem espontaneamente no processo de ensino. Essas atividades não-previstas e que podem gerar objetivos muito mais valiosos são bem aproveitadas por professores conscientes de seu papel. Os objetivos específicos podem, pois, transformar-se em uma verdadeira "camisa-de-força", impedindo as manifestações autênticas e criativas de professores e alunos, que, não-previstas com antecedência, não poderiam acontecer.

O fato de os objetivos comportamentais estabelecerem UM comportamento ou UMA resposta correta decorre de falsos pressupostos, como, por exemplo, de que o conhecimento é certo e pode ser desmembrado e especificado; de que o conhecimento é absoluto; isto é, apresenta apenas uma resposta apropriada; e de que o conhecimento é impessoal, isto é, é o mesmo para todos.

Também os resultados de pesquisas a respeito dos objetivos comportamentais não concluem sobre a sua superioridade em relação aos objetivos ditos gerais.

Mas talvez a face mais oculta dos objetivos comportamentais se encontre em sua origem. Na sua história se esconde, a meu ver, a questão mais importante e inquietante para os educadores preocupados com os destinos do ensino.

O movimento em favor dos objetivos comportamentais está intimamente enraizado no movimento que, a partir de 1910, começou a sacudir os Estados Unidos, conhecido como "administração científica" ou "sistema Taylor". Suas propostas, que inicialmente se dirigiam às empresas industriais, em pouco tempo foram sendo introduzidas também no campo de ensino. O sistema Taylor previa, entre outras coisas, que cada operário deveria receber, ao começar o seu serviço, uma folha de instrução em que estaria descrito, com detalhes, o que deveria ser feito, como e em quanto tempo, ao final da jornada. Com essa providência, seria possível, no seu entender, uma avaliação precisa da produtividade de cada trabalhador. E começa aí, então, o que Callahan chamou de "culto à eficiência".[7]

Um dos primeiros educadores a ligar os princípios da "administração científica" de Taylor à educação foi Franklin Bobbitt, da Universidade de Chicago. Na introdução de seu artigo para o "Yearbook" de 1913, da National Society for Study of Education, Bobbitt justificava a aplicação de princípios científicos no ensino afirmando que "as tarefas fundamentais de administração, direção e supervisão são praticamente as mesmas" em todos os empreendimentos cooperativos, seja no campo da manufatura, governamental, filantrópico ou educacional.[8]

E a primeira regra para uma administração educacional científica, na visão de Bobbitt, é a definição bem clara dos objetivos visados.

Seguindo os passos de Bobbitt, outros autores foram cerrando fileiras em favor da especificação dos objetivos educacionais, como Werrett Charters, Ralph Tyler, Benjamin Bloom, Robert Mager, entre outros.

7. CALLAHAN, Raymond E. *Education and the cult of efficiency*. Chicago: The University Press, 1962.

8. CALLAHAN, *op. cit.*

A bandeira dos objetivos comportamentais teve a sua origem, portanto, na idéia já antiga de considerar a escola como uma empresa. Em 1897, sentindo o crescimento dessa concepção, Jane Addams afirmava:

> "O homem de negócios, naturalmente, não dizia: Eu farei a escola pública treinar os *office-boys* e os vendedores de que necessito, pois assim sairá mais barato para mim, mas ele pensava e algumas vezes afirmava: 'Ensinem as crianças a escrever claramente e a calcular correta e rapidamente; a adquirir hábitos de pontualidade e ordem; a estar pronta a obedecer e a não questionar o porquê das coisas; e vocês as prepararão para que encontrem o seu caminho no mundo, assim como eu encontrei o meu'."[9]

Não é preciso se estender mais para prever os riscos que a educação corre quando condicionada aos padrões de eficiência estabelecidos com base na empresa. Os sistemas de ensino, assim encarados, depositariam uma grande força na conformidade a normas preestabelecidas (objetivos comportamentais). Comportamentos aceitáveis seriam aqueles que estariam de acordo com os previstos pelo sistema e, por isso, deveriam ser reforçados. Comportamentos inaceitáveis representariam um obstáculo à manutenção do equilíbrio interno do sistema e, por isso, deveriam ser extintos. E, assim agindo, a educação passaria, celeremente, a colaborar na antecipação das amargas previsões de Orwell em seu *1984*.

2. Operações lógicas como objetivos do ensino[10]

Enquanto a psicologia, tradicionalmente, tem ocupado espaço significativo nas discussões sobre ensino, a participação da lógica, infe-

9. CURTI, Merle. The social ideas of American educators. Nova York: Charles Scribner's Sons, 1935.
10. Apresentado originalmente em Fundação Carlos Chagas, Educação e Seleção, n. 7, jan.-jun. 1983, p. 77-82.

lizmente, é pouco expressiva nessa área. Parecem-nos escassos os estudos, pesquisas, propostas de ensino que usam a lógica como suporte teórico.

A redação de objetivos do ensino segundo o modelo da lógica é assunto difícil de ser encontrado nos manuais de didática. O professor que deseja seguir essa orientação deverá, a meu ver, usar a criatividade e transferir elementos de outras áreas para elaborar, então, os seus objetivos do ensino.

O trabalho de Castro[11] e o que se segue são contribuições que, mesmo que não dirigidos diretamente ao problema, podem servir muito bem como sugestões e guias na redação de objetivos na visão piagetiana.

Os professores orientados para os modelos de ensino que enfatizam o *processo* mais do que o *produto*, que se preocupam mais com o desenvolvimento de operações intelectuais do que com a mera retenção de informações defrontam-se com sérias dificuldades para avaliar esse tipo de resultado. O problema fica mais complexo ainda quando os seus alunos passam da etapa operatória concreta à etapa do pensamento formal, mais abstrato. As manifestações dessa última fase são bem menos "espetaculares" e notáveis que as da anterior. E, por serem mais sutis, colocam dificuldades maiores ao professor quanto à sua avaliação.

Também os pesquisadores que se propõem a estudar o raciocínio do adolescente, do jovem e mesmo do adulto, segundo referencial cognitivista e, particularmente, piagetiano, enfrentam os mesmos problemas: Como avaliar as operações mentais?

O presente trabalho tem por objetivo apresentar aos professores e pesquisadores um teste para avaliar as operações formais do pensamento.

Trata-se do teste desenvolvido pelo professor Ronald J. Raven, da Universidade Estadual de Nova York, com base nas operações

---

11. CASTRO, Amélia D. de. O trabalho dirigido. In: PARRA, Nélio (coord.). *Didática para a escola de 1º e 2º graus*. São Paulo: Pioneira, 1987.

lógicas de Piaget. Além da exposição desse instrumento, procuraremos deixar claro, ao longo do artigo, as justificativas de sua apresentação.

O método clínico ou exploratório de Piaget

Um dos interesses básicos de Piaget era descobrir a gênese do pensamento do indivíduo, bem como os processos ativados no ato de conhecer. Assim, para apreender essa realidade dinâmica, no momento mesmo em que ela ocorre, Piaget optou pela utilização do método clínico ou exploratório. Nos primeiros estudos com crianças, adotava uma conversação mais livre sobre um tema. Em alguns momentos, interrogava a criança, pedia-lhe uma justificativa ou explicação ou propunha contra-exemplos.

Nos trabalhos posteriores, como nos relatados na obra *Da lógica da criança à lógica do adolescente*, Piaget e colaboradores ofereciam aos sujeitos aparatos ou materiais (pêndulo, balança, etc.) e pediam-lhes que explicassem o seu funcionamento. O sujeito ficava livre para testar o equipamento. O investigador procurava anotar o comportamento do indivíduo e, ocasionalmente, fazia-lhe perguntas a respeito do problema. As anotações do comportamento, as observações pessoais e as respostas dos sujeitos eram transcritas nos "protocolos".

O número de crianças testadas, seu *background* socioeconômico e cultural e outros dados convencionais em pesquisa não apareciam. Eram apenas mencionadas as idades dos sujeitos. Piaget acreditava ser o método clínico o único capaz de conduzir o investigador até o âmago das estruturas cognitivas do indivíduo. A seu ver, a tarefa e as atividades espontâneas do sujeito na solução do problema conduziriam o investigador, mais do que seriam por ele conduzidas. Para Piaget, uma entrevista padronizada, invariável, não teria condições de apreender a essência do raciocínio da pessoa. O investigador, qual pintor impressionista, buscaria captar o desenrolar do processo cognitivo, no momento exato de seu funcionamento.

> "O aspecto crucial, pois, desse método, é explorar uma diversidade de comportamentos da criança em uma seqüência estímulo-resposta-estímulo-resposta; no curso dessa rápida seqüência, o experimentador usa todo o insight e capacidade a seu dispor, para entender o que a criança diz ou faz e para adaptar seu próprio comportamento em termos dessa compreensão."[12]

O método clínico está cercado de perigos e dificuldades, alguns já reconhecidos mesmo por Piaget. Uma primeira limitação reside no próprio investigador, em seu treinamento, em sua habilidade e engenhosidade ou criatividade. Piaget chegou a afirmar ser necessário "pelo menos um ano de prática diária" antes que o entrevistador pudesse ir além do estágio de mero principiante.[13]

O investigador só deve falar o mínimo necessário; não pode, de forma alguma, fazer insinuações.

> "O bom experimentador deve, com efeito, reunir duas qualidades muitas vezes incompatíveis: saber observar, vale dizer, deixar que a criança fale, não interromper, nem desviar-se e, ao mesmo tempo, buscar algo de preciso, ter a cada instante alguma hipótese de trabalho, alguma teoria, certa ou errada, a controlar."[14]

Além disso, o investigador deve ser bastante perspicaz a fim de não sub ou superestimar as palavras e realizações do sujeito. A interpretação é, portanto, outro ponto crítico na atividade do pesquisador.

A ausência de qualquer roteiro para a entrevista exige presença de espírito aguçada, criatividade e profundo conhecimento do assunto, características, convenhamos, não prodigamente distribuídas pela natureza.

---

12. FLAVELL, John H. *The developmental psychology of Jean Piaget*. Nova York: D. Van Nostrand, 1965.
13. Piaget, apud FLAVELL, *op. cit.*
14. Piaget, apud DOLLE, Jean-Marie. *Para compreender Piaget*. Rio de Janeiro: Zahar, 1975.

Outros problemas, além dos decorrentes da atividade do investigador, destacam-se na utilização do método exploratório. É um método trabalhoso e demorado, exigindo, em muitos casos, aparatos de boa qualidade e com um bom índice de precisão para não prejudicar os resultados. Se, por um lado, com um investigador de alto nível pode-se obter entrevistas de elevada qualidade, por outro, seria impossível observar um grande número de sujeitos nessas condições. O que se ganha de um lado, perde-se de outro.

Outra dificuldade refere-se à medida das respostas. Não há uma escala precisa que batize a atividade do intérprete (mais recentemente F. Longeot desenvolveu um roteiro e uma escala na tentativa de superar os problemas apresentados na entrevista aberta). Ademais, é necessário distinguir bem entre a competência para dar uma resposta ou demonstrar certo comportamento e o desempenho real do sujeito, o que depende de diversas variáveis, inclusive da própria situação experimental.

Essa distinção está profundamente enraizada na questão mais ampla: "O que vem a ser um pensador formal?" (se nos limitarmos apenas ao último estágio do desenvolvimento segundo Piaget). Ora, uma "operação", pela sua própria definição, constitui uma estrutura organizada de transformações.

Nesse sentido, uma experiência, ou um item apenas de um teste, dificilmente poderia detectá-la. A demonstração do pensamento formal, isto é, dos possíveis indícios que denotam estar o sujeito, de fato, raciocinando formalmente, ainda é questão discutida. Podemos imaginar o tempo consumido apenas com UM sujeito, se tivéssemos de aplicar-lhe as 15 tarefas ou experimentos recomendados por Piaget, a fim de verificar a presença do pensamento formal.[15]

Além disso, esses 15 experimentos que Inhelder e Piaget expõem na obra *Da lógica da criança à lógica do adolescente* estão, em sua

15. INHELDER, B.; PIAGET, J. *The growth of logical thinking from childhood to adolescence*. Nova York: Basic Books, 1958.

maioria, sobrecarregados de conteúdos de física. Não é improvável a hipótese de que adolescentes, jovens e adultos, com inclinações, tendências e estilos de vida diferentes dos que apreciam as ciências naturais, a mecânica, a matemática ou a química, não se saiam tão bem naquelas provas quanto estes últimos. Poderíamos então concluir que um estudante de artes ou de letras não atingiu o período operatório formal por não responder adequadamente a essas provas?

Piaget[16] reconheceu a interferência dos fatores "vocacionais" no desempenho de tarefas operatórias. Diversos estudiosos, como Deanna Kuhn, têm procurado elaborar provas com base na teoria de Piaget, provas mais ligadas às atividades cotidianas dos sujeitos. Por exemplo, Kuhn[17] entrevistou donas de casa, que alegavam comprar em determinado supermercado em virtude dos seus bons preços, a respeito das vantagens na aquisição de um produto em uma embalagem maior e o mesmo produto em uma embalagem menor.

Como dissemos anteriormente, é muito difícil determinar com exatidão o nível de compreensão do sujeito mediante umas poucas provas. Além disso, a situação se complica quando acrescentamos a questão do desempenho *versus* competência.

Outro problema que tem merecido discussões por parte de pesquisadores piagetianos é o de admitir se apenas a resposta do sujeito, sem justificativa, seria suficiente ou se a justificativa seria necessária a um julgamento adequado.

A ausência de procedimentos mais rígidos na condução da entrevista, na interpretação das respostas e a diversidade das tarefas piagetianas criam também dificuldades para procedimentos de pesquisa que necessitam de pré e pós-testes. Poucas garantias são oferecidas de que essas duas medidas extremas, isto é, o pré e o pós-teste se assemelhem.

---

16. PIAGET, J. A evolução intelectual entre a adolescência e a maturidade. *Revista Portuguesa de Pedagogia*, v. 5, n. 1, 1971, p. 83-95.
17. KUHN, D. The significance of Piaget's formal operations stage in education. *Journal of Education*, v. 161, n. 1, 1979, p. 34-50.

Dificuldades e riscos também aparecem na própria seleção das tarefas ou problemas experimentais. Neimark chega a afirmar que sua escolha "em muitos casos, parece ser amplamente arbitrária ou ditada pelas conveniências, mais do que por uma análise *a priori* das próprias exigências do problema".[18]

Tais limitações prejudicam e praticamente impossibilitam a correlação e generalização de resultados advindos de pesquisas diferentes. Como, por exemplo, correlacionar os resultados de pesquisas que empregaram entrevistadores diferentes, número e tipos de tarefas experimentais piagetianas diferentes, com amostragens pouco definidas, usando escalas de avaliação também variadas? Esses são problemas enfrentados pelos autores que tentam efetuar os chamados "balanços" de pesquisas, como, por exemplo, os realizados por Chiappetta[19] e Neimark.[20]

O teste Raven de operações lógicas

Essas são as principais razões que nos levaram a apresentar o teste Raven de operações lógicas. O teste de Ronald J. Raven[21] foi desenvolvido com base nas operações lógicas expostas por Inhelder e Piaget na obra *Da lógica da criança à lógica do adolescente*. Raven procurou avaliar o desempenho do sujeito em sete operações lógicas básicas:

18. NEIMARK, Edith D. Intellectual development during adolescence. In: HOROWITS, F. D. (org.). *Review of child development research*, v. 4. Chicago: The University of Chicago Press, 1975.
19. CHIAPPETTA, Eugene L. A review of piagetian studies relevant to science instruction at the secondary and college level. *Science Education*, v. 60, n. 2, 1976, p. 253-261.
20. NEIMARK, *op. cit.*
21. RAVEN, Ronald J. The development of a test of Piaget's logical operations. *Science Education*, v. 57, n. 3, 1973, p. 377-385; RAVEN. The development of a test of Piaget's operative comprehension. *Science Education*, v. 61, n. 3, 1977, p. 271-278; RAVEN. Raven reasoning comprehension test (mimeo), 1978.

1) Classificação — identifica a operação lógica em que objetos e eventos são reunidos em classes segundo um atributo ou propriedade comum.
2) Seriação — refere-se à operação de ordenação de objetos ou eventos de acordo com algum atributo.
3) Multiplicação lógica — nesse caso, os objetos são classificados segundo duas categorias ou duas relações ao mesmo tempo.
4) Compensação — diz respeito às operações que procuram estabelecer o equilíbrio rompido ao se alterar uma variável.
5) Proporcionalidade — identifica as operações que relacionam, matematicamente, as grandezas relativas das variáveis.
6) Probabilidade — essa estrutura indica que o evento que ocorre com mais freqüência terá mais chance de ser escolhido em um grupo.
7) Correlação — refere-se à operação de pensamento que permite inferir regras a partir da freqüência de ocorrência entre dois eventos.

Essas estruturas lógicas foram transformadas em informações que devem ser reunidas e organizadas pelo sujeito, a fim de que possa responder corretamente às questões do teste. O sujeito deve, praticamente, "construir" uma resposta conceitual. Para fundamentar esse aspecto, Raven utiliza a distinção de Piaget entre a "compreensão figurativa" e a "compreensão operativa". A compreensão figurativa refere-se ao processo de conhecimento de uma informação sem qualquer reestruturação de seu padrão. Em outras palavras, nesse processo a informação é recebida com pequena ou nenhuma alteração por parte do recebedor. Por sua vez, a compreensão operativa diz respeito aos conhecimentos construídos pelo sujeito; isto é, a informação é transformada mediante a ação do indivíduo sobre ela. É uma forma ativa de entendimento, envolvendo o ser cognoscente no processo de construção de suas próprias idéias.

Toda informação necessária à formulação da resposta, no teste de Raven, está contida em parágrafos curtos (três a cinco sentenças). Nenhum conhecimento prévio de conteúdo específico é necessário para responder às questões; exige-se, apenas, obviamente, o reconhecimento das palavras.

Para cada uma das sete grandes operações lógicas, há um parágrafo de estudos sociais, um de biologia e um de ciências físicas. Duas questões de múltipla escolha foram feitas para cada parágrafo, dando um total de 42 itens. Para efeito de ilustração, reproduzimos a seguir uma parte do teste de Raven, referente à operação de Compensação.

No século 19 certo governo tentou manter idênticos os lucros em fazendas próximas às cidades e em fazendas do interior. Nas fazendas próximas às cidades grandes, usar a terra para criar vacas leiteiras é lucrativo; usá-la para cultura de trigo traz prejuízos. Nas fazendas do interior, usar a terra para cultura de trigo é lucrativo; usá-la para criar vacas leiteiras traz prejuízos.

19. Se a extensão de terra usada para criar vacas leiteiras fosse reduzida nas fazendas próximas às cidades grandes, qual seria o melhor modo de manter o mesmo lucro em ambos os tipos de fazenda?

a) reduzir a extensão de terra usada para criar vacas em fazendas do interior.
b) reduzir a extensão de terra usada para cultivar trigo em fazendas do interior.
c) aumentar a extensão de terra usada para cultivar trigo em fazendas do interior.
d) aumentar a extensão de terra usada para cultivar trigo em fazendas próximas às cidades.

20. Se a extensão de terra usada para cultura de trigo fosse aumentada em fazendas do interior, qual seria o melhor meio de manter o mesmo lucro em ambos os tipos de fazenda?

a) aumentar a extensão de terra usada para cultivar trigo em fazendas próximas às cidades.
b) reduzir a extensão de terra usada para criar vacas nas fazendas próximas às cidades.
c) aumentar a extensão de terra usada para criar vacas em fazendas do interior.
d) reduzir a extensão de terra usada para criar vacas em fazendas do interior.

O teste de Raven foi validado nos Estados Unidos por meio de uma série de provas indicando que, de fato, seus itens medem as operações lógicas que se propõem a avaliar. Só recentemente o teste está sendo divulgado no Brasil. Salvo engano, apenas a Faculdade de Educação da Universidade Federal de Minas Gerais, a quem devemos sua tradução para o português, e o autor deste artigo usaram o teste em uma situação de vestibular (o primeiro) e em pesquisa com universitários (o segundo).

Considerando as dificuldades há pouco apontadas na utilização do método clínico ou exploratório e considerando que o teste de Raven já validado mede as operações lógicas propostas por Inhelder e Piaget,[22] sem apresentar as limitações já indicadas e, finalmente, por estar, parece, pouco influenciado por fatores culturais, temos a esperança de que tal teste venha a constituir alternativa atraente para pesquisadores e professores de nossa terra.

Bibliografia

ATKIN, J. Myron. Behavioral in curriculum design: a cautionary note. *The Teacher Science*, v. 35, n. 5, maio 1968, p. 27-30.

CALLAHAN, Raymond E. *Education and the cult of efficiency*. Chicago: The University Press, 1962.

CHIAPPETTA, Eugene L. A review of piagetian studies relevant to science instruction at the secondary and college level. *Science Education*, v. 60, n. 2, 1976, p. 253-261.

CASTRO, Amélia D. de. O trabalho dirigido. In: PARRA, Nélio (coord.). *Didática para a escola de 1º e 2º graus*. São Paulo: Pioneira, 1987.

CURTI, Merle. *The social ideas of American educators*. Nova York: Charles Scribner's Sons, 1935.

DOLLE, Jean-Marie. *Para compreender Piaget*. Rio de Janeiro: Zahar, 1975.

EISNER, Elliot W. Educational objectives — help or hindrance? *The School Review*, v. 75, n. 3, out. 1967, p. 250-260.

FLAVELL, John H. *The developmental psychology of Jean Piaget*. Nova York: D. Van Nostrand, 1965.

INHELDER, Barbel e PIAGET, Jean. *The growth of logical thinking from childhood to adolescence*. Nova York: Basic Books, 1958.

22. INHELDER e PIAGET, *op. cit.*

KUHN, Deanna. Inducing development experimentally: comments on a research paradigm. *Developmental Psychology*, v. 10, n. 5, 1974, p. 590-600.

_______. The application on Piaget's theory of cognitive development to education. *Harvard Educational Review*, v. 49, n. 3, 1979, p 340-360.

_______. The significance of Piaget's formal operations stage in education. *Journal of Education*, v. 161, n. 1, 1979, p. 34-50.

MACDONALD, James B. e BERNICE, J. Wolfson. A case against behavioral objectives. *The elementary School Journal*, v. 71, n. 3, 1970, p. 119-128.

MAGER, Robert F. *Preparing instructional objectives*. Califórnia: Fearon, 1962.

NEIMARK, Edith D. Intellectual development during adolescence. In: HOROWITS, F. D. (org.). *Review of Child Development Research*, v. 4. Chicago: The University of Chicago Press, 1975.

PARRA, Nélio. *O adolescente segundo Piaget*. São Paulo: Pioneira, 1983.

PIAGET, Jean. *O nascimento da inteligência na criança*. Rio de Janeiro: Zahar, 1970.

_______. A evolução intelectual entre a adolescência e a maturidade, *Revista Portuguesa de Pedagogia*, v. 5, n. 1, 1971, p. 83-95.

_______. *Ensaio de lógica operatória*, São Paulo: Edusp-Globo, 1976.

RAVEN, Ronald J. The development of a test of Piaget's logical operations. *Science Education*, v. 57, n. 3, 1973, p. 377-385.

_______. The devolopment of a test of Piaget's operative comprehension. *Science Education*, v. 61, n. 3, 1977, p. 271-278.

_______. *Raven reasoning comprehension test* (mimeo), 1978.

SOARES, Magda Becker (coord.). *A utilização de testes de aptidão acadêmica no vestibular da UFMG* (mimeo). Belo Horizonte, 1980.

CAPÍTULO 5

Os conflitos cognitivos e seu papel no ensino[1]

Introdução

Parece ser uma tônica da escola a preocupação em criar intramuros um ambiente "anti-séptico" que impeça a proliferação do vírus da dúvida, da discussão, do debate. O *magister dixit* reflete de forma sucinta todo o autoritarismo centrado no adulto e define uma forma específica de relacionamento social que se permite na sala de aula; um relacionamento que, na realidade, se resume na ação do mestre sobre o discípulo, do que sabe o sobre que não sabe. Ora, se o aluno é visto como o ser que não sabe, como admitir então que este questione, duvide, sem antes ter se municiado com as informações imprescindíveis a tal comportamento? Parodiando o Eclesiastes, 3, poderíamos dizer dessa posição: "Há tempo para estudar e tempo para questionar". O do aluno seria o tempo para estudar.

Nessa escola os papéis estão muito bem-definidos. Ao mestre cabe a responsabilidade de ensinar, de transmitir as verdades e, ao

1. Texto publicado inicialmente em *USP: Revista da Faculdade de Educação*, v. 8, n. 2, 1982, p. 105-112.

aluno, de recebê-las de forma passiva, sem pretender colocar em dúvida a palavra do professor.

Toda uma série de estudos, pesquisas e propostas metodológicas decorre dessa concepção de ensino. Contudo, os nossos objetivos no momento não incluem sua discussão.

Tal atmosfera assim tão desinçada, artificial mesmo, pois a realidade é plena de controvérsias e conflitos, tem sido indigitada até de anti-ensino ou, de forma mais branda, de mero doutrinamento.

Uma escola real, viva, dinâmica, afirmam alguns, não pode dissimular a existência de conflitos, sob o risco de perder sua identidade de agência social formadora. Para esses, a escola não apenas deve incorporar as controvérsias autênticas que surgem espontaneamente, mas também criar situações problemáticas que motivem o estudante a buscar elementos novos para readquirir o equilíbrio então perdido.

Esse ponto de vista, entretanto, não esgota os argumentos a favor da utilização do conflito intelectual em sala de aula. Para outros, o conflito cognitivo é condição necessária ao pleno desenvolvimento mental do aluno.

Essas e outras justificativas, que têm levado alguns educadores a propugnarem a utilização de conflitos em sala de aula, serão analisadas com maior profundidade mais adiante.

Controvérsias e conflitos cognitivos

A controvérsia, segundo Johnson e Johnson, "(...) existe quando idéias, informações, conclusões, teorias ou opiniões de uma pessoa são incompatíveis com as de outrem, e ambas buscam atingir uma concordância. O conflito reside nas tentativas dessas pessoas de resolverem sua discordância".[2] Os autores mencionados iden-

2. JOHNSON, D. W.; JOHNSON, R. T. Conflict in classroom: controversy and learning. *Review of Educational Research*, v. 49, n. 1, 1998, p. 51-70.

tificam ainda o conflito conceitual como sendo existência de duas idéias incompatíveis presentes simultaneamente na mente da pessoa.

Essa conceituação de controvérsia apresenta notável similaridade com o mecanismo de desequilibração de Piaget, com o conflito conceitual de Berlyne, com a distância cognitiva de Festinger. Subjacente a todas essas propostas (desequilibração, conflito, dissonância) estão a necessidade humana de consistência e a pressão que a sua ruptura exerce sobre os indivíduos, levando-os a superar ou a reduzir a tensão.[3] "Quando um estado dissonante existe, o sujeito se esforça para superá-lo mudando suas idéias ou a situação ou suas avaliações ou, talvez, tentando persuadir os demais a mudarem suas avaliações."[4]

Com base nas idéias de Festinger a respeito do desconforto sentido pelas pessoas quando surgem discrepâncias ou lacunas entre suas propostas e as defendidas pelos demais membros de um grupo, Farnham-Diggory comenta alguns princípios[5] que governam a pressão exercida sobre o indivíduo para comunicar-se a fim de reduzir tal vazio.

1) A necessidade de comunicação aumenta à medida que aumenta a diferença de posição entre o indivíduo e o seu grupo.
2) O aumento da importância dessa posição faz aumentar, também, aquela necessidade.
3) O aparecimento de uma "diferença" em um grupo coeso aumenta a necessidade de discussão.
4) Um grupo coeso esforça-se para comunicar-se com um de seus membros que adota posição contrária à do grupo.

3. MURRAY; AMES & BOTVIN. Acquisition of conservation through cognitive dissonance. *Journal of Educational Psychology*, v. 69, n. 5, 1977, p. 519-527.

4. FARNHAM-DIGGORY, Sylvia. *Cognitive process in education*. Nova York: Harper & Row, 1972.

5. *Idem, ibidem*.

5) E, finalmente, essa comunicação aumenta à medida que o grupo percebe que poderá ter alguma influência sobre a opinião desse membro.

Berlyne[6] expõe quatro qualidades que fazem com que os estímulos sejam, de fato, provocadores, capazes de despertar a curiosidade e a necessidade de exploração do sujeito: *novidade, incerteza, conflito e/ou complexidade*. Segundo Berlyne, os estímulos familiares, simétricos, simples não despertam o interesse, pois não criam situações conflitantes no observador.

Por que usar conflitos cognitivos?

Uma primeira razão ligada de forma íntima ao ensino afirma ser o conflito cognitivo uma estratégia ideal para motivar o aluno para o trabalho escolar.

Técnicas como "redescoberta" e a "solução de problemas", apenas para citar duas, podem ter um efeito motivador destacado quando partem de questões provocativas, de incongruências e de pontos de vista contrastantes. Berlyne afirma que "(...) todos esses novos métodos de instrução parecem claramente motivar as crianças, fazendo-as submeter-se a conflitos conceituais na forma de surpresa, dúvida, incongruência, perplexidade e confusão (...). Tal vantagem que o método de descoberta tem sobre os métodos tradicionais (...) deriva de seu poder de motivar mais efetivamente o estudante".[7]

Além disso, continua Berlyne,

> "experimentos pedagógicos recentes sugerem (...) apresentar o novo material de tal forma que ele desafie as crenças e expectativas existentes na criança e façam-na sensível às lacunas e inadequações

---

6. BERLYNE, apud FARNHAM — DIGGORY, *op. cit.*

7. BERLYNE, apud YELON; WEINSTEIN. *A teacher's world* — psychology in the classroom. Nova York: McGraw-Hill, 1977.

de suas atuais estruturas de conhecimento. O contraste entre a própria atmosfera da sala de aula em que isso é feito e aquela das aulas mais tradicionais, em que as informações são suavemente absorvidas, empresta uma credibilidade posterior ao postulado da capacidade de induzir à ação, do conflito conceitual".[8]

Esse mesmo ponto de vista é defendido por Festinger, para quem a dissonância cognitiva é uma fonte poderosa de motivação do aluno.

Uma segunda razão que pode ser mencionada em favor do uso de conflitos cognitivos em sala de aula relaciona-se com o desenvolvimento da capacidade de assumir perspectivas diversas perante um problema.

Muitos estudiosos têm enfatizado o papel dessa capacidade no desenvolvimento intelectual e moral do aluno, como, por exemplo, Kohlberg, Piaget e Rogers.

> "Assumir a perspectiva de outra pessoa, acredita-se, desafia a estrutura do pensamento do sujeito e leva-o a reformular sua maneira própria de pensar, procurando estruturas cognitivas mais adequadas. Os teóricos desenvolvimentistas afirmam que assumir a perspectiva cognitiva de outrem cria um desequilíbrio que induz à busca de formas mais adequadas de pensamento. Consideram também ser crítica a esse processo a exposição a maneiras conflitantes de pensamento."[9]

Diversas investigações até agora empreendidas concluíram que as controvérsias e os conflitos possibilitam uma compreensão maior da perspectiva cognitiva das demais pessoas. A importância desse resultado se destaca se pensarmos que essa capacidade é crucial na superação do egocentrismo e, conseqüentemente, no desenvolvimento cognitivo e moral, na cooperação, no intercâmbio social e na solução de problemas.

8. *Idem, ibidem.*

9. TJOSVOLD e JOHNSON. Effects of controversy on cognitive perspective taking. *Journal of Educational Psychology*, v. 69, n. 6, 1977, p. 679-685.

A controvérsia, pois, tem a vantagem sobre outras situações de levar os oponentes a explorar, mutuamente, as suas linhas de raciocínio, para que, assim, possam mais adequadamente responder às opiniões contraditórias.

A ausência de controvérsias, por sua vez, pode originar uma ilusão nos participantes de um grupo de que se entendem uns aos outros, de que se colocam na perspectiva dos demais. Essa ilusão sufoca, na origem, a motivação dos membros de um grupo para uma exploração consciente das perspectivas alheias.

Um terceiro aspecto pode ser incluído para justificar a adoção de controvérsia no ensino: trata-se de sua possibilidade de promover a transição dos estágios de desenvolvimento cognitivo e moral dos sujeitos.

Johnson e Johnson, a partir de uma razoável revisão da literatura a respeito do assunto, concluem que "(...) os estudos apóiam a suposição de que a controvérsia leva a um conflito conceitual que, por sua vez, promove a transição a estágios mais elevados do raciocínio cognitivo e moral".[10]

Entretanto, afirmam esses autores, é necessário que o conflito esteja relacionado com o nível do estágio cognitivo e moral em que se encontra o sujeito. Alguns teóricos da linha desenvolvimentista costumam indicar esse nível ótimo de desequilíbrio como "+1", isto é, um desafio que está um pouco acima de nível real do sujeito. Se, de um ponto de vista teórico, é relativamente fácil entender esse "+1", aplicá-lo, contudo, é tarefa das mais difíceis.

A maior parte das pesquisas sobre esse tema joga com conflitos entre sujeitos "conservadores" (isto é, que já dominam as noções de conservação de substância, peso, volume, segundo Piaget) e os não-conservadores. Os testes ministrados após uma situação grupal demonstram um ganho substancial de todos os sujeitos tanto em respostas quanto em explicações a problemas de conservação.

10. JOHNSON, D. W.; JOHNSON, R. T., Conflict in the classroom: controversy and learning. *Review of Educational Research*, v. 49, n. 1, p. 51-70, 1979.

É importante também destacar nesses estudos que os ganhos são permanentes, isto é, mesmo que confrontado com argumentos contrários, o sujeito não regride à sua posição anterior de "não-conservador".

Também no que se refere ao desenvolvimento moral, os estudos têm comprovado que as controvérsias provocam o avanço do sujeito ao estágio subseqüente.

Johnson e Johnson destacam a importância desses resultados ao afirmar: "(...) há pouca dúvida de que os níveis mais elevados de raciocínio cognitivo e moral não possam ser diretamente ensinados".[11]

A promoção da capacidade de solucionar problemas, a elevada qualidade dessa solução, a de tomar decisões, além do desenvolvimento da criatividade, são ainda aspectos citados por muitos estudiosos para defender a inclusão dos conflitos entre as principais estratégias de ensino.

Condições que afetam a controvérsia

A controvérsia, como vimos, gera um conflito que pode ser altamente positivo em situações de ensino. Entretanto, pode criar uma atmosfera embaraçosa e até negativa, caso essa técnica são seja utilizada com cuidado.

David W. Johnson,[12] baseando-se em estudos empíricos, indica as seguintes condições que podem propiciar um ambiente favorável às controvérsias:

1) Em um grupo cooperativo, mais aberto à troca de informações, em que se respira um clima em que o desacordo é aceito com naturalidade e em que se busca resolver os problemas conjuntamente, a controvérsia será mais construtiva.

11. JOHNSON e JOHNSON, *op. cit.*

12. JOHNSON, DAVID W., Student-student interaction. *Review of Educational Research*, v. 10, n. 1, 1981, p. 5-10.

2) Em um grupo heterogêneo, em todos os sentidos, é mais freqüente o aparecimento de controvérsias e, obviamente, o de contribuições bem distintas à solução do problema.
3) A relevância do problema e a qualidade de informação oferecida levam os estudantes a assumir uma atitude mais positiva em relação a questões controvertidas.
4) A controvérsia será mais positiva em um ambiente em que a discordância, a existência de pontos de vista diferentes não significam negar a competência do oponente.
5) Finalmente, a controvérsia será mais positiva e construtiva quanto maior a capacidade dos adversários de assumir as perspectivas mútuas, isto é, de se descentrar e acompanhar a linha de raciocínio uns dos outros.

Conclusões

Ao discorrer sobre a controvérsia, um problema aflora imediatamente: será possível induzir artificialmente o desequilíbrio? Em outras palavras, seria possível criar condições externas que perturbariam o raciocínio do sujeito, levando-o à desequilibração? Os estudos realizados para responder a essa questão referem-se mais à noção de conservação. As conclusões, pelo menos nessa área, parecem indicar ser possível tal desequilíbrio quando, e apenas quando, o sujeito está em situação de aceitar tal desafio. A dificuldade está em determinar qual é esse momento, porque, caso contrário, uma apresentação discrepante pode não surtir qualquer efeito. Já disseram que a criança não tem problemas epistemológicos.

Os educadores que buscam aplicar as idéias de Piaget na educação, como já dissemos, costumam indicar o nível ótimo de discrepância como "+1". Na prática docente, contudo, o problema não é tão simples quanto aparenta, exigindo muita experiência, um razoável conhecimento do aluno e instrumentos de verificação nem sempre disponíveis.

Em que pesem as considerações que poderiam ser feitas a respeito das dificuldades de se empregar conflitos cognitivos, sua utilização, tudo indica, deve ser preconizada pela didática fundada no construtivismo. Algumas estratégias de ensino são mais condizentes com essa proposta, como, por exemplo, o estudo dirigido, a solução de problemas e o trabalho em grupo. No fundo, todas essas estratégias têm o mesmo denominador comum: a apresentação do problema que desequilibre o raciocínio do aluno, desafiando-o a buscar soluções que possam levá-lo a novo equilíbrio.

O trabalho em grupo, por exemplo, é uma técnica que se destaca no processo de desequilibração e descentração do indivíduo. Ao trabalhar com outros, o aluno verifica a existência de opiniões diferentes, até discrepantes, das defendidas por ele.

> "A interação conduz, inevitavelmente, ao conflito e à argumentação. Os pontos de vista da criança são questionados. Ela precisa defender suas idéias e justificar suas opiniões. Ao fazê-lo, ela é forçada a esclarecer seus pensamentos. Se quer convencer os outros da validade de seu próprio ponto de vista, deve expressar suas idéias de forma clara e lógica. Os demais não são tão tolerantes quanto ela às suas inconsistências. Assim vemos que, deixando de lado o aspecto afetivo, mais comumente enfatizado na interação social, ou a necessidade de conviver com outras pessoas, há um componente cognitivo importante. A experiência social auxilia as pessoas a se ajustarem umas às outras, a um nível emocional, mas serve também para esclarecer o pensamento e ajudar a pessoa a tornar-se, de alguma forma, mais coerente e lógica."[13]

O papel do conflito cognitivo no ensino, já evidenciado por estudos empíricos bem conduzidos, situa as técnicas que dele fazem uso, como necessárias à formação do aluno. Temos a esperança de que essas técnicas se incluam, cada vez mais, nos programas e atividades dos professores.

---

13. GINSBURG, H.; OPPER, S. *Piaget's theory of intellectual development*. New Jersey: Prentice-Hall, 1969, p. 228.

Bibliografia

FARNHAM-DIGGORY, Sylvia. *Cognitive process in education.* Nova York: Harper & Row, 1972.

GINSBURG, H.; OPPER, S. *Piaget's theory of intellectual development*. New Jersey: Prentice-Hall, 1969.

JOHNSON, D. W.; JOHNSON, R. T. Conflict in classroom: controversy and learning. *Review of Educational Reserach*, v. 49, n. 1, 1998, p. 51-70.

KOHLBERG, L. Stages of moral development as a basis of moral education. In: Beck, CRITTENDEM; SULLIVAN (eds.). *Moral education*. Nova York: Newman Press, 1971.

KUHN, Deanna. Inducing development experimentally: comments on a research paradigm. *Developmental psychology*, v. 10, n. 5, 1974, p. 590-600.

MURRAY; AMES & BOTVIN. Acquisition of conservation through cognitive Dissonance. *Journal of Educational Psychology*, v. 69, n. 5, 1977, p. 519-527.

PIAGET, Jean. A evolução intelectual entre a adolescência e a maturidade. *Revista Portuguesa de Pedagogia*, v. 5, n. 1, 1971, p. 83-95.

TJOSVOLD; JOHNSON. Effects of controversy on cognitive perspective taking. *Journal of Educational Psychology*, v. 69, n. 6, 1977, p. 679-685.

YELON; WEINSTEIN. *A teacher's world* — psychology in the classroom. Nova York: McGraw-Hill, 1977.

CAPÍTULO 6

Materiais instrucionais – enfoque dinâmico

Já disseram que as propostas de ensino surgem e agem tal como um movimento pendular em que em um extremo está o SIM (aceitação) e no outro, o NÃO (rejeição). Alguns ousaram até "medir" em anos esse vaivém. Em um momento, por exemplo, o comentário comum é "trabalho em grupo" e, no seguinte, "ensino individualizado". Com freqüência, propostas já exibidas há séculos são ressuscitadas como se fossem inovações. A "atual" versão, em geral, é revestida de novo vocabulário, de uma terminologia da moda, tentando ocultar o "íntimo" subjacente.

Esse ir-e-vir, aparentemente sem sair do local, não é tão negativo quanto parece, pois, de fato, não há tal estagnação nesse "pêndulo". Talvez "espiral" refletisse melhor a imagem desse fenômeno. Há sempre um acrescentamento ao caminhar de um ponto a outro. O problema parece residir na extrema facilidade com que essas sugestões são adotadas e abandonadas. Abraça-se fervorosamente o "novo sermão", o "novo guru", como salvação dos males do ensino e, logo mais, esquecem-nos atraído pelo "novo elixir" milagroso ou pelo profeta da moda.

Esses retornos às idéias anteriores, como dissemos, trazem consigo algum aditivo, seja nos fundamentos teóricos ou nas conclusões de pesquisas ou nas melhorias técnicas dos produtos.

Importante é não considerar as propostas como algo descartável, passível de substituição rápida por uma nova embalagem. Os produtos educacionais devem estar disponíveis, oferecendo, cada um a seu modo, contribuição específica.

Na roda-viva das inovações, os recursos audiovisuais também tiveram o seu SIM no movimento pendular da escola. Mas, o que estava no seu "íntimo", no mais "perene", o *material instrucional*, este permanece e continua presente como elemento constitutivo destacado do sistema de ensino. A presença do microcomputador ou televisão educativa ao lado do antigo quadro-negro não altera, no essencial, a alma da sala de aula que continua sendo um momento excepcional de interação entre o professor e o aluno.

Ao identificar este capítulo de *materiais instrucionais*, estamos procurando recuperar a essência que sempre esteve presente na idéia dos recursos de concretização. Chamá-los de materiais instrucionais é ampliar a sua extensão de aplicação, reduzida no termo mais moderno de "audiovisual".

Na história da educação, a introdução desses recursos era justificada como uma maneira de superar os excessos do verbalismo que imperava no ensino.

Comenius, por exemplo, preconizava: "Associe-se sempre o ouvido à vista, a língua à mão; ou seja, não apenas narre aquilo que se quer fazer aprender, para que chegue aos ouvidos, mas represente-se também graficamente, para que se imprima na imaginação por intermédio dos olhos".[1] Outros tantos educadores, como Basedow, Pestalozzi, Herbart, Froebel, defenderam também essa posição.

O "ensino intuitivo", enaltecendo em demasia o papel dos sentidos na aprendizagem, permaneceu até recentemente como fundamento para o uso de recursos instrucionais. As idéias de Maria Montessori, educadora italiana, parecem constituir como que uma transição entre o antigo método intuitivo dos realistas e os novos métodos ativos que começavam a esboçar na atmosfera educacional,

1. COMENIUS, J. A. *Didática magna*. Lisboa: Fundação Calouste Gulbenkian, 1966.

introduzindo a idéia de "atividade" como elemento decisivo no processo de aprendizagem.

A atividade, a ação, constitui a base sobre a qual se constroem as noções, os conceitos, enfim, todo o conhecimento. A atividade é o elemento central do desenvolvimento mental do sujeito. Os termos "ação" e "operação", usados por Jean Piaget para explicar a inteligência, não deixam dúvidas quanto à importância de seu papel na vida intelectual.

O princípio da atividade, defendido por todos os educadores renomados, ganhou consistência teórica — escassa no princípio do movimento — com a psicologia genética de Jean Piaget.

> "Jean Piaget — mais conhecido como um psicólogo desenvolvimentista, mas também filósofo, lógico e educador — é uma das figuras mais expressivas na ciência contemporânea do comportamento. Por mais de 40 anos ele e seus associados vêm construindo, pedaços a pedaços, por meio de uma imensa bibliografia, uma vasta e altamente original teoria do desenvolvimento intelectual e perceptual."[2]

Essas considerações justificam plenamente a busca na teoria de Piaget como fundamento de uma metodologia mais dinâmica, mais ativa, no trato com os materiais instrucionais. Apoiamo-nos apenas em parte de sua teoria, principalmente a da percepção, mais relacionada com o uso de materiais de concretização.[3]

Embora os fenômenos perceptivos tenham sido estudados por Piaget e colaboradores a partir do recém-nascido (e até em animais), deixaremos de lado, neste trabalho, os estudos e conclusões conseguidos pela psicologia genética em crianças de 0 a 2 anos de idade, para nos envolvermos mais detalhadamente nos aspectos

---

2. FLAVELL, J. H. *The developmental psychology of Jean Piaget*. Nova York: D. Van Nostrand, 1965.
3. Para informações mais didáticas da proposta de Piaget, veja, por exemplo, PARRA, N. *Metodologia dos recursos audiovisuais*. São Paulo: Saraiva, 1973; *O adolescente segundo Piaget*. São Paulo: Pioneira, 1983.

perceptivos da criança cuja idade lhe dá ingresso ao pré-primário e aos demais níveis de ensino.

Estudaremos principalmente os fenômenos perceptivos (sem deixar, no entanto, de realizar suaves incursões em outros aspectos do desenvolvimento mental da criança) que encontramos desde os últimos anos do estágio da inteligência intuitiva (2 a 7 anos de idade, mais ou menos) até o estágio das operações intelectuais abstratas (adolescência).

Nos últimos anos da fase da inteligência intuitiva, o pensamento da criança está ainda dominado pelo "sincretismo" em todas as suas atividades intelectuais e, em particular, na percepção.

> "(...) é fácil constatar como as conversações entre crianças são rudimentares e ligadas à ação material propriamente dita. Aproximadamente até os 7 anos, as crianças não sabem discutir entre elas e se limitam a apresentar suas afirmações contrárias. Quando procuram dar explicações umas às outras, conseguem com dificuldade se colocar do ponto de vista daquela que ignora do que se trata, falando como que para si mesma".[4]

Esse sincretismo revela-se, na criança, como uma ausência de análise; não há decomposição de objetos ou de situações, mas uma "(...) fusão e confusão de tal sorte que cada traço, mesmo acidental, parece valer todos os outros e pode ser tomado como exprimindo a totalidade".[5] O sincretismo infantil vai nos auxiliar na explicação de muitas atitudes da criança diante de imagens. Passada a fase da inteligência intuitiva, a criança, aos poucos, vai se libertando de seu egocentrismo. Ela se torna capaz de examinar os pontos de vista de outras pessoas, começa a se "descentrar". Essa capacidade de descentração vai se revelar, no plano perceptivo, no aparecimento de uma "atividade perceptiva", que consiste em comparações, transposições e antecipações do indivíduo no objeto de

4. PIAGET, Jean. *Seis estudos de psicologia*. Rio de Janeiro: Forense, 1967.
5. WALLON, apud MALANDAIN, C. *Utilization des films fixes por l'enseignement des langues vivants aux enfants*. Paris: Didier, 1966.

sua percepção. A criança de 9 a 10 anos, mais ou menos, diferentemente da criança do estágio anterior, torna-se capaz de analisar suas percepções, de seguir o desenrolar de uma ação e de não mais se limitar a uma cena estática. O seu pensamento, de intuitivo, passa a ser operatório,[6] mas ainda preso ao concreto.

Ao passar do estágio das operações concretas ao das operações formais, a criança torna-se capaz de raciocinar, não somente sobre imagens, sobre o concreto, mas de pensar sobre os seus raciocínios. "Por volta de 11 a 12 anos, efetua-se uma transformação fundamental no pensamento da criança, marcando o término das operações construídas durante a segunda infância; é a passagem do pensamento concreto para o formal ou, como se diz em termo bárbaro, mais claro, "hipotético-dedutivo".[7]

As crianças do estágio do pensamento intuitivo, submetidas a uma seqüência de imagens, sejam estas projetadas, em forma de diapositivos (*slides*), sejam impressas em papel, limitam-se a enumerar os elementos de cada uma, sem demonstrar preocupação em ligar uma à outra ou em descrever as ações nelas contidas. Essas enumerações podem ser explicadas pelo fato de o pensamento infantil estar ainda preso aos detalhes, não levando em consideração o aspecto global da apresentação. A enumeração de elementos de uma imagem é um reflexo do sincretismo do pensamento da criança. O sincretismo infantil apresenta-se como uma ausência de análise, o que leva o sujeito a perceber um todo por apenas alguns de seus detalhes parciais. Se a forma global do objeto for bem-estruturada, de modo que os elementos parciais observados sejam uma síntese daquela, a percepção resultante será adequada. Caso contrário, se aproximará dos efeitos de campo, isto é, efeitos de-

6. Operatório refere-se a "uma ação interiorizável, reversível e constituindo com outras, com as quais é solidária, uma estrutura caracterizada pelas leis da totalidade, em que intervém uma ou outra forma de reversibilidade" (PIAGET, J. Les mecanismes perceptifs. Paris: PUF, 1961).

7. PIAGET, J. Seis estudos...

correntes da fixação ou centração dos órgãos dos sentidos em um mesmo e único campo, sem que haja movimento dos olhos ou do corpo. Quando essas crianças se aventuram a descrever as ações, suas descrições ficam, em geral, limitadas a um ou dois detalhes que, freqüentemente, não têm muita importância no conjunto. A sua "confusão sincrética" impede que ela faça uma distinção bem clara entre o que é essencial e o que é acidental.[8]

Quando se pede a crianças dessa idade que interpretem as imagens, elas demonstram uma "reação fabulatória", usando as imagens como um pretexto para contar uma história enriquecida de elementos de sua vida pessoal. Ao ver uma imagem, dão lugar à imaginação, sem levar em consideração o desenho em si. Da mesma forma que em um certo estágio a criança desenha os objetos em função de um "modelo interno", ela descreve os objetos de acordo com aquele modelo. À vista das imagens, elas não demonstram qualquer preocupação pela objetividade.

Outro "erro" comum nas crianças dessa idade é o de interpretar as imagens isoladamente, sem levar em conta o conjunto ou a seqüência delas. É difícil explicar esse "erro" sem apelar para o que Piaget chama de "atividade perceptiva". Sob esse nome, Piaget reúne os processos que supõem deslocamentos do olhar no espaço, comparações no tempo, transporte do que se viu em A para B, antecipações, enfim, uma exploração máxima do estímulo.

Essas atividades, diferentemente do efeito de campo, aumentam com a idade, em número e em qualidade. A interpretação de imagens em seqüência, globalmente, pressupõe que a criança faça uso dessa atividade exploratória ou perceptiva, o que acontece após os 7 anos de idade, aproximadamente. Portanto, é de se esperar que ainda nesse estágio (pensamento intuitivo), as crianças não demonstrem capacidade de interpretar uma seqüência de imagens em seu conjunto, pois ainda estão presas aos "efeitos de campo ou de centração". A ausência da atividade perceptiva nessa fase faz

8. Pesquisas sobre o assunto podem ser localizadas em MALANDAIN, *op. cit.*

com que também os personagens das histórias seriadas não sejam identificadas de uma a outra imagem. Como essas crianças não são capazes de explorar, transpor, comparar no espaço e no tempo, cada imagem é vista isoladamente e as personagens não são mais reconhecidas na imagem seguinte.

Aspecto interessante ainda é o que diz respeito à noção de tempo. Em uma das pesquisas citadas em Malandain[9] apresentou-se às crianças do estágio do pensamento intuitivo seqüências de desenhos com alguns elementos, entre os quais relógios que funcionavam como pontos de referência no desenrolar dos acontecimentos de um dia. Apesar da existência dos relógios, as crianças não fizeram qualquer menção ao fator tempo que definia as ações representadas nas imagens. A não-consideração do fator tempo pode ser explicada pelo próprio desenvolvimento do pensamento. A criança até os 7 anos, mais ou menos, tem a tendência de confundir a sucessão temporal com a sucessão espacial. A relação entre tempo e espaço irá ser elaborada a partir dos 8 anos, aproximadamente.

Também o desenho infantil pode nos ser útil para explicar a ausência da noção de tempo nessas crianças. Até os 7 anos de idade, como mostra Luquet,[10] a criança, ao fazer suas "narrações gráficas", não desenha diversas imagens, mas sim sobrepõe a primeira às demais, reunindo em um desenho elementos que, na realidade, pertencem a momentos diferentes. As crianças que não ultrapassam a fase do "realismo intelectual" sentem dificuldade em compreender nossos simbolismos representativos de tempo.

Essas crianças revelaram-se totalmente incapazes de organizar uma seqüência de desenhos que lhes foi dada fora de ordem. Interessante é notar que elas não demonstram a menor hesitação em escolher as imagens. O seu sincretismo e a falta de uma atividade perceptiva impedem que elas pensem existir uma ligação lógica entre os desenhos. Essa dificuldade em organizar uma seqüência

9. MALANDAIN, *op. cit.*

10. LUQUET, apud MALANDAIN, *op. cit.*

estruturada de imagens demonstra, também, segundo Piaget, a ausência do pensamento "reversível" nessa idade. De fato, para organizar os acontecimentos, a criança deve seguir uma ordem natural e também ser capaz de voltar sobre essa ordem, isto é, de reverter esses acontecimentos. Como a criança dessa idade ainda não é capaz desse movimento reversível, ela não poderá compreender o desenrolar de uma ação através de uma série de imagens fixas.

A descrição dos detalhes, que era uma das características das crianças do estágio do pensamento intuitivo, desaparece quase que por completo nas crianças localizadas na fase do pensamento operatório concreto. Praticamente livres de seu "egocentrismo", essas crianças tornam-se capazes de se "descentrar", isto é, de assumir as posições dos outros e de examinar seus pontos de vista. No que se refere à percepção, essa descentração se revela no aparecimento da "atividade perceptiva". As interpretações das crianças às imagens mostram agora um índice muito elevado de correção. As imagens deixam de ser um motivo para reações fabulatórias, e começa a aparecer uma preocupação pela objetividade. As imagens são encaradas como tendo uma intenção precisa: para exprimir uma coisa e não outra. A maior parte das crianças, ao fazer seu comentário sobre a seqüência de imagens, segue uma ordem horizontal ou cronológica. Essa organização que não existia no estágio anterior deve-se ao fato de que o pensamento infantil torna-se lógico, por meio da organização de sistemas de operações sujeitas às leis de conjunto comuns, entre elas, a da reversibilidade.

As crianças dessa idade, como ocorrera com as do estágio anterior, quando colocadas na presença de desenhos impressos em papel, saíram-se melhor no que se refere à identificação das personagens do que quando submetidas aos mesmos desenhos, mas projetados em forma de *slides*. Parece que o formato mais reduzido das imagens sobre o papel se presta melhor a uma percepção de conjunto, favorecendo a atividade exploratória.

No que se refere à noção de "tempo", também nessa idade se nota claramente a preocupação dessas crianças em situar os acontecimentos no tempo, o que não se verifica anteriormente. A criança saiu do estágio do "realismo intelectual", e entrou no que Piaget chama de "imagem visual", preocupada com a realidade.

Nesse estágio parece que a criança adquiriu todos os instrumentos necessários para compreender o mundo. Contudo, como nota Michaud, "se o pensamento consegue organizar a ação, ele não tem, ainda, sua inteira independência".[11] Com efeito, ele permanece preso ao concreto e "seus sucessos têm o caráter de problemas colocados, problemas concretos transportados sobre os objetos ou virtualmente manipulados".[12] Pode-se supor que nessa fase a imagem adquire um papel importante, de auxiliar pedagógico, na medida em que ela permite tornar mais concreto o ensino.

"Após os 11 a 12 anos, o pensamento formal torna-se possível, isto é, as operações lógicas começam a ser transportadas do plano da manipulação concreta para o das idéias, expressas em linguagem qualquer (a linguagem das palavras ou dos símbolos matemáticos, etc.), mas sem o apoio da percepção, da experiência, nem mesmo da crença."[13] A criança passa, então, do estágio das operações concretas ao estágio das operações formais. O sincretismo que se manifestara nas percepções do primeiro estágio e nos raciocínios do segundo desaparece completamente. A criança atinge o adulto. Ela torna-se capaz não somente de raciocinar sobre as imagens, mas também de pensar seus próprios raciocínios. É por isso que as imagens não são, agora, apenas interpretadas como uma realidade que teria sua própria existência, mas como o signo de outra coisa.

"A criança não se prende mais somente a compreender o significado aparente das imagens, mas também procura descobrir o que o adulto quis dizer pelo desenho, que se transforma, assim, em uma verdadeira linguagem, permitindo a comunicação."[14]

---

11. MICHAUD, E. *Accion y pensamiento infantiles*. Buenos Aires: Nova, 1959.
12. *Idem, ibidem.*
13. PIAGET, *op. cit.*
14. MALANDAIN, *op. cit.*

A mera enumeração dos elementos de uma imagem desaparece completamente.

A atividade perceptiva possibilita uma interpretação muito mais correta que a verificada nos estágios anteriores. As respostas dadas às imagens são bem mais elaboradas e, além disso, as crianças fazem aparecer elementos que não estão diretamente incluídos no desenho, mas que têm a sua razão de ser devido ao contexto em que cada imagem está situada. A identificação dos personagens de uma imagem a outra é feita com total sucesso, o que demonstra a capacidade tanto de atividade perceptiva, como de pensamento reversível. A noção de tempo já está dominada e, assim, essas crianças relatam os acontecimentos simbolizados pelas imagens em função do tempo. As crianças compreendem que as imagens representam momentos sucessivos da vida dos personagens.

É interessante notar que nessa fase a criança supera as dificuldades apresentadas nos estágios anteriores quanto à apresentação dos desenhos projetados.

Dessas observações podemos extrair normas que permitem compor algumas orientações básicas quanto a uma metodologia renovada dos recursos instrucionais.

Seja qual for o material utilizado, desde uma ilustração de revista, até uma sofisticada aula pela televisão, é fundamental a participação ativa do sujeito, a fim de que a imagem mental pretendida seja a mais próxima possível do estímulo emitido. Quando tratamos anteriormente do problema da percepção, vimos que Piaget distingue dois níveis nesse fenômeno: o do "efeito de campo ou de centração" e o da "atividade perceptiva". A ausência de atividade (ou reduzida atividade) do sujeito em relação aos materiais pode conduzi-lo às chamadas "ilusões primárias", assim chamadas não por serem mais primitivas, mas por serem mais simples e mudarem muito pouco com a idade. O incipiente desenvolvimento da atividade perceptiva em crianças de até 7 a 8 anos faz com que elas respondam a toda uma estimulação sensorial por apenas um ou poucos detalhes que, nem sempre, representam o conjunto.

Evidentemente, sua resposta dificilmente será adequada à realidade apresentada. Essa limitação, bem próxima do chamado "efeito de campo", conseqüência da ausência de atividade do sujeito em relação ao objetivo da percepção, não é limitação apenas de crianças pequenas. O efeito de campo ou de centração marca sua presença em todas as idades. Somente a atividade do sujeito, os deslocamentos de seu olhar, suas transposições, as comparações que faz dos diversos elementos apresentados é que poderão garantir a formação de uma autêntica imagem mental que, assim, poderá ser caracterizada como um símbolo da realidade. Exibir recursos instrucionais simplesmente, ou mostrá-los explicando, não assegura que a mensagem transmitida seja corretamente decodificada. Nunca é demais insistir neste ponto: é por meio da ação ou da operação que o indivíduo poderá apreender o significado das coisas.

Assim, seja qual for o material didático, condições devem ser previstas a fim de que os observadores possam explorá-lo suficientemente. Por meio do estudo individual ou da observação coletiva, o professor deve criar ideais para tirar o aluno da passividade perante às imagens, levando-o a agir sobre elas. Estratégias das mais variadas poderão ser usadas, e as poucas sugestões que aqui damos poderão ser multiplicadas pelo professor criativo. Assim, por exemplo, questões bem-formuladas, por escrito ou oralmente, questões que mobilizem esquemas operatórios dos alunos poderão ser adotadas com sucesso.

Problemas que levem o aluno a classificar, a representar, a transpor, a analisar, a sintetizar são exemplos de estímulos operatórios que, por certo, desafiarão os alunos na busca de solução ante a esses recursos. A discussão em grupo, por diversas formas que essa técnica apresenta, é outra opção para levar o aluno a assumir uma atitude ativa perante às mensagens. Interromper a seqüência de uma apresentação de imagens para permitir a análise de pontos anteriores; "embaralhá-las" a fim de que os alunos as reorganizem segundo certa ordem; levá-los a criar a narração de uma série de imagens, exibir dois ou mais visuais, concomitantemente, provocando a comparação dos elementos contrastantes, são outras sugestões válidas.

O ensino pela televisão continua sendo, infelizmente, exemplo negativo de como utilizar um meio moderno segundo estratégias arcaicas: uso demasiado de artifícios gráficos, de "atores" substituindo o professor, um *timing* (ritmo) padronizado pela TV comercial, música de fundo perturbadora, dose excessiva de conceitos em um tempo limitado, "piadinhas" tentando amenizar o conteúdo, a ausência total de "pausas", de "silêncios" que permitam ao telealuno pensar, refletir, buscar responder a uma proposta desafiadora do telemestre. A tentativa de "dourar a pílula", de transformar a aula em um *clip-art*, na preocupação de, assim, reduzir o peso das informações, dá origem a transmissões que, parodiando Nelson Rodrigues, são, quando muito, "bonitinhas, mas ordinárias". A atividade mental daquele que está defronte do monitor de TV é condição mínima para o êxito da mensagem; ausente isso, nada poderá preencher essa lacuna, mesmo com a riqueza gráfica e a enorme parafernália técnica que alguns "produtores" teimam em utilizar. Simplicidade é muito difícil, apesar de tão importante na comunicação humana, e ser "simples" talvez seja um dos atributos do verdadeiro "mestre".

Outra norma geral decorrente das proposições anteriores refere-se à adequação dos materiais às etapas de desenvolvimento do sujeito. Cada etapa apresenta certas limitações e certas vantagens em relação à seguinte e à anterior, respectivamente.

Observando a avidez com que crianças de 2 a 7-8 anos se lançam às imagens, o adulto pode ter a impressão de que elas constituem a forma mais eficiente de comunicação. Será que, do fato de apreciar imagens, poderemos inferir que as crianças compreendem seu significado? Ou melhor, compreendem o significado que o adulto pretendia comunicar? Não devemos nos esquecer de que a imagem é um "significante"(que pressupõe um significado); é um "resumo" de uma série de operações que, naturalmente, em sua forma final não são mostradas.

Para apreender o seu significado, o sujeito deve agir sobre ela, como que reproduzindo mentalmente as mesmas operações de seu criador. Ora, nessa idade — 2 a 7-8 anos — a criança apresenta uma série de limitações, como, por exemplo, atividade perceptiva pobre e irreversibilidade de pensamento, limitações que dificultam sua compreensão de mensagens mediante imagens. Diversas observações e experimentos têm sido realizados, demonstrando que a criança, apesar de gostar, não interpreta corretamente as imagens. Em observações que desenvolvemos, constatamos o aparecimento desse problema. Procurando verificar os níveis de compreensão de diversas idades quando submetidas a uma história infantil visualizada, lançamos mão de um diafilme (série de *slides*) comercial, sobre a Gata Borralheira. Após a projeção das imagens, as crianças foram entrevistadas, obedecendo a um roteiro previamente preparado. As entrevistas conduzidas pelas próprias professoras das crianças foram gravadas em fita magnética. Uma semana antes da entrevista, um gravador de fita magnética foi colocado à disposição da professora, a fim de que as crianças utilizando-o perdessem a provável inibição quando fossem feitas as entrevistas.

Das 31 crianças de 4 a 6 anos que entrevistamos na primeira etapa, apenas duas conseguiram reproduzir a história, logo após tê-la visto no diafilme. Assim mesmo, essas duas crianças contaram-na com certa confusão de personagens e de cronologia. As demais crianças que não reproduziram a história evocaram detalhes que, em geral, não tinham importância no conjunto.

Exemplo 1 — Michel, 4 anos: "Eu lembro mais do baile".
Exemplo 2 — Antonio José, 6 anos: "Eu lembro mais da carruagem".
Exemplo 3 — Ricardo, 6 anos: "Eu lembro da chaminé".

Ao serem questionadas se a vida da Gata Borralheira era triste ou alegre, 22 daquelas crianças responderam que era triste e 9 responderam que era alegre. Apenas uma explicou que "no começo era triste e depois alegre". Solicitadas a justificar suas respostas, 12 responderam simplesmente: "porque eu acho" ou "porque sim". As demais distribuíram suas justificativas entre diversas razões distintas.

Exemplo 4 — Maria Rita, 6 anos: "Era triste porque não tinha vestido para ir ao baile".
Exemplo 5 — Cláudia, 5 anos: "Era alegre porque ela foi ao baile".

Notamos também em certas crianças um comportamento interessante perante às imagens, um comportamento chamado por Piaget de "reação fabulatória". A criança, nesse caso, usa o visual como um subterfúgio para contar suas próprias experiências pessoais. Foi o que ocorreu com Roney, de 5 anos, que, ao ser perguntado se achava a história verdadeira, respondeu afirmativamente e ao justificar sua resposta contou uma longa história que aconteceu com um coleguinha seu que "perdeu o sapato porque não era de amarrar".

Esses dados deixam transparecer as dificuldades da criança de até 7 anos de aprender o significado das mensagens visuais. A ausência ou pobreza de sua atividade perceptiva leva-a a não explorar suficientemente os estímulos, retendo ou evocando apenas os detalhes, o que demonstra a predominância dos efeitos de campo em sua percepção. A irreversibilidade de seu pensamento a impede de acompanhar e compreender uma seqüência longa de imagens. Essa limitação pode muito bem explicar o fato de crianças dessa idade ouvirem dezenas de vezes o mesmo disco de história infantil, por exemplo, o que, por certo, exige uma grande dose de paciência dos pais. Não podendo aprender toda a história de uma só vez, ela necessita ouvi-la continuadamente, para que a cada repetição um novo detalhe seja aprendido.

Dessas colocações infere-se que, conseqüentemente, o cinema não é o veículo indicado para transmitir mensagens a essa faixa etária. O cinema, devido à sua própria linguagem (cortes, fusões, "dissolves", etc.), exige que o espectador preencha, pela representação, uma série de lacunas na seqüência das ações.

Ora, a criança dessa idade, presa ainda ao mundo do concreto e do concreto global, sem a posse do pensamento reversível, não poderia, evidentemente, aprender o significado transportado pelo cinema. Não é sem razão que não encontramos praticamente no mundo cinema verdadeiramente produzido para a idade infantil. Peters afirma que as crianças de 7 a 9 anos só poderão compreender a linguagem cinematográfica se "os filmes forem muito simples, tanto na forma quanto no conteúdo".[15]

A partir dos 7 anos de idade, começa-se a notar uma melhora quanto à evocação e descrição da história. A criança, apesar de demonstrar ainda certa confusão quanto à cronologia dos fatos e dos personagens, consegue reproduzir oralmente a história com muito mais detalhes que anteriormente.

Nas crianças de 9 a 11 anos, a reprodução da história, motivo de nossas observações, é bastante completa e os detalhes importantes são também evocados. Entretanto, ao serem questionadas sobre a veracidade ou não da história, deixaram transparecer uma pobreza no levantamento de hipóteses e na coleta de dados para comprová-las. Das crianças entrevistadas, apenas uma deu uma razão plausível da inverdade da história:

Exemplo 6 — Fábio, 10 anos: "Não é verdadeira porque as pombas falavam".

O desenvolvimento da atividade perceptiva e do pensamento reversível permite a criança dessa idade acompanharem com mais aproveitamento seqüências de imagens, inclusive cinematográficas.

Esses resultados que aqui colocamos, mais para efeito de ilustração que de conclusões definitivas, coincidem com os reunidos por diversos pesquisadores, entre os quais Malandain[16] e Mialaret.[17]

---

15. PETERS, J. N. L. *L'éducation cinématographique*. Paris: Unesco, 1961.
16. MALANDAIN, *op. cit.*
17. MIALARET, Gaston. *Psychopédagogie des moyens audio-visuels dans l'enseignement du premier degré*. Paris: Presses Universitaires de France, 1964, p. 232.

Dos comentários anteriores, podemos concluir que, para que os materiais instrucionais possam contribuir efetivamente na melhoria da comunicação professor-aluno, alguns cuidados devem ser assegurados e, entre eles, a preocupação com sua metodologia.

> "A maneira de usar os recursos intuitivos (audiovisuais) deve (...) atender aos princípios psicológicos da percepção. Segundo Piaget, a aquisição (interiorização) da imagem pela percepção do objetivo é semelhante ao trabalho de um desenhista na fixação de uma imagem, só aparecendo no esboço os traços observados e reproduzidos, idéia bem diferente da de "fotografia", dominante na psicologia tradicional. É a atividade do desenhista, traço a traço, que compõe o desenho, como a atividade exploratória dos sentidos compõe mentalmente a imagem."[18]
>
> Atitude desafiadora do professor, mantendo continuadamente ativa a mente do aluno: esta a recomendação básica para a utilização dinâmica dos materiais instrucionais.

Bibliografia

AEBLI, Hans. *Una didactica fundada en la psicologia de Jean Piaget*. Buenos Aires: Kappelusz, 1965.

COMENIUS, J. A. *Didática magna*. Lisboa: Fundação Calouste Gulbenkian, 1966.

FLAVELL, J. H. *The developmental psychology of Jean Piaget*. Nova York: D. Van Nostrand, 1965.

LIMA, O. Lauro de. *Escola no futuro*. São Paulo: Encontro, 1966.

MALANDAIN, C. *Utilization des films fixes pour l'enseignemente des langues vivants aux enfants*. Paris: Didier, 1966.

MICHAUD, E. *Accion y pensamiento infantiles*. Buenos Aires: Nova, 1959.

PARRA N. *Metodologia dos recursos audiovisuais*. São Paulo: Saraiva, 1973.

_______. *O adolescente segundo Piaget*. São Paulo: Pioneira, 1983.

PARRA, N.; PARRA, Ivone C. C. *Técnicas audiovisuais de educação*. São Paulo: Pioneira, 1975.

PETERS, J. N. L. *L'éducation cinématographique*. Paris: Unesco, 1961.

PIAGET, J. *Les mecanismes perceptifs*. Paris: PUF, 1961.

18. LIMA, O. Lauro de. *Escola no futuro*. São Paulo: Encontro, 1966.

_______. *Psicologia de la inteligencia*. Buenos Aires: Psique, 1964.

_______. *Seis estudos de psicologia*. Rio de Janeiro: Forense, 1967.

PIAGET, J. e INHELDER, B. Traité de psychologie experimentale, V. VII. Paris: PUF, 1963.

_______. *La psychologie de l'enfant*. Paris: PUF, 1966.

Impresso nas oficinas da
Gráfica Palas Athena